Inhalt

AF204906

Jesus Christus

Mensch

Autorin: Sonja Wunderlich

Vorwort

Liebe Schülerinnen und Schüler,

in diesem handlichen Skript finden Sie wesentliche Inhalte, die im Fach **Katholische Religionslehre** für das Abitur relevant sind. Aus den insgesamt **acht Kapiteln** können Sie jene Inhalte auswählen, die Sie in Ihrem Bundesland für die **mündliche oder schriftliche Abiturprüfung** beherrschen müssen.

Durch den klar strukturierten Aufbau eignet sich dieses Skript besonders zur Auffrischung und Wiederholung des Prüfungsstoffs kurz vor dem Abitur:

- Über das **Inhaltsverzeichnis** finden Sie schnell und einfach das gesuchte Kapitel.
- **Tabellarische Übersichten** und **Schaubilder** helfen bei der Aneignung komplexer Zusammenhänge.
- **Zitate** sind jeweils durch einen grauen Balken am Rand gekennzeichnet. Diese geben einen Einblick in das Denken von Philosophen und Theologen oder stellen einen Bezug zur Bibel her.
- Wichtiges wird durch **Fettdruck** hervorgehoben.
- Mithilfe des **Stichwort- und Personenverzeichnisses** gelangen Sie schnell zu den gesuchten Begriffen und Inhalten.

Viel Erfolg beim Lernen mit diesem Buch!

Sonja Wunderlich

Religion und Wirklichkeit

1   Der Begriff „Religion"

1.1 Etymologie

Die Begriff „Religion" lässt sich etymologisch von unterschiedlichen lateinischen Verben ableiten:

- Der römische Schriftsteller Cicero bezieht das Wort *relegere* (sorgfältig wahrnehmen) auf den Tempelkult. Diese Ableitung stellt also **kultische Verpflichtungen** (z. B. Opfer, Gebete) in den Vordergrund der Wortbedeutung.

- Der lateinische Kirchenvater Laktanz führt den Begriff *religio* auf *religare* zurück: zurückbinden. Mit dieser Etymologie rückt die **personale Beziehung zwischen Gott und Mensch** ins Zentrum, da nach diesem Verständnis ein Band zwischen beiden besteht.

Unabhängig davon, ob eine dieser Erklärungen zutrifft, führt die Etymologie nicht weiter beim Versuch, Religion genauer zu fassen. Denn im Sprachgebrauch einer jeden Kultur schwingen beim Begriff „Religion" unterschiedliche Konzepte mit, d. h.: Es werden die Elemente besonders betont, die der eigenen Tradition entsprechen.

1.2 Definitionstypen des Religionsbegriffs

Es gibt viele Antworten auf die Frage: „Religion, was ist das?" Für den Theologen Edward Schillebeeckx gilt: „Unter dem Religiösen verstehe ich alles, was Gott zum ausdrücklichen Objekt hat." Mit diesen Worten definiert er Religion **substanziell**, d. h.: Er nimmt eine inhaltliche Bestimmung von Religion vor, indem er ihren Bezugspunkt klärt. Dies geht aber meist mit dem Verweis auf Begriffe einher, die selbst definitionsbedürftig sind (wie im Beispiel der Begriff „Gott").
Anders verfährt der Soziologe Martin Riesebrodt, der Religion **phänomenologisch** als einen „Komplex religiöser Praktiken" bestimmt.

Bei dieser Form der Begriffsklärung rücken äußerlich wahrnehmbare Erscheinungsweisen des Religiösen ins Zentrum. So wird die ganze Bandbreite religiöser Ausdrucksformen systematisch erfasst. Dabei wird vorausgesetzt, dass es Religion gibt. Was Religion als solche qualifiziert, bleibt dagegen offen.

Die Leistungen und Wirkungen kommen in den Blick, wenn Religion **funktional** definiert wird. So bezeichnete Karl Marx Religion als „Opium des Volkes", wobei Religion die Funktion zugeschrieben wird, Herrschaftsverhältnisse zu stützen. Der Ökonom und Philosoph reduzierte Religion auf diese Weise auf ihre (vermeintliche) Funktion. Gegen funktionale Definitionsversuche ist deshalb grundsätzlich einzuwenden, dass sich Religion unter Beschränkung auf ihre Funktion nicht angemessen erklären lässt – ebenso wenig wie z. B. das Fußballspiel: Wer Fußball lediglich unter dem sozialen Aspekt versteht, hat das Spiel noch lange nicht begriffen. Es ist dennoch sinnvoll, im Rahmen der Begriffsbestimmung die Funktionen von Religion zu verdeutlichen.

Franz-Xaver Kaufmann und Dieter Stoodt unterscheiden **fünf Funktionen von Religion**, die auf die Situation des Menschen eingehen und in unterschiedlichen religiösen Ausdrucksformen zum Tragen kommen:

Situation des Menschen	→	Funktionen von Religion	religiöse Ausdrucksformen
1. Angst	→	Identitätsstiftung	Gottesdienst, Gebet
2. Frage nach dem Sinn	→	Welterklärung	heilige Schriften, Sakramente
3. Suche nach Orientierung	→	Handlungsführung	Moral (z. B. Dekalog), Tradition
4. Bedürfnis nach Gemeinschaft	→	soziale Integration	Gemeinde, Kloster
5. Leid in der Welt	→	Weltdistanzierung	Jenseitserwartung, Moral

Einige dieser Funktionen werden von **Religionsäquivalenten** (z. B. Fußball als Ersatz für Religion) aufgegriffen, die sich aber im Gegensatz zur Religion auf immanente, also innerweltliche Funktionen (Identitätsstiftung, soziale Integration vs. transzendente Funktionen: Welterklärung) beschränken.

2 Religion in der offenen Gesellschaft

2.1 Religion im Wandel

Globalisierung und technischer Fortschritt haben unsere Gesellschaft grundlegend verändert. Der damit einhergehende Wandel betrifft auch Religion und Kirche. Um den religiösen Wandlungsprozess zu charakterisieren, haben sich **drei religionssoziologische Modelle** etabliert.

• Die **Säkularisierungstheorie** geht von einem Spannungsverhältnis zwischen Moderne und Religion aus. Im Kern besagt sie, dass **Religion und Kirche** in modernen Gesellschaften **immer mehr an Bedeutung verlieren und schließlich ganz verschwinden**. Zu dieser Deutung des religiösen Wandels passt, dass sich in Deutschland seit den 1950er-Jahren immer weniger Menschen regelmäßig am kirchlichen Leben beteiligen und die Akzeptanz christlicher Überzeugungen und Lehrsätze (z. B. der Glaube an die leibliche Auferstehung) abnimmt. Gegen die These vom Bedeutungsverlust sprechen allerdings zahlreiche Beispiele einer außerkirchlichen Religiosität in Form der Hinwendung zu Astrologie oder Esoterik.

• Vertreter der **Individualisierungsthese** stellen ebenfalls einen Säkularisierungsprozess fest. Rationalisierung und Pluralisierung führen aus ihrer Sicht aber nicht zu einem Verlust der Religion. Vielmehr ändere sich nur ihre Erscheinungsform. Während Religion in vormodernen Gesellschaften in institutionalisierter Form vorgelegen habe, bestehe der Zusammenhang zwischen Religiosität und Kirchlichkeit in modernen Gesellschaften nicht mehr zwangsläufig. Stattdessen **wählt der Einzelne individuell aus unterschiedlichen religiösen Traditionen**. Das Christentum bildet einen Baustein unter anderen.

• Einige US-amerikanische Religionssoziologen deuten den religiösen Wandel mithilfe eines **ökonomischen Marktmodells**. Die wachsende Konkurrenz im Zuge religiöser Pluralisierung führe zu mehr Produktivität auf dem Markt der Weltanschauungen. Religion und Kirche könnten von der Revitalisierung des religiösen Feldes profitieren. Die **Konkurrenz unter den religiösen Anbietern** zwinge z. B. zur Profilschärfung.

2.2 Weltanschaulicher Pluralismus und Religionsfreiheit

Geschichtliche Entwicklung: Religionsfreiheit als Erbe der Aufklärung

Die Lebenswelt des modernen Menschen ist von einem **weltanschaulichen Pluralismus** geprägt. Sicherlich war keine Epoche homogen. Es gab schon zur Zeit Jesu miteinander konkurrierende Frömmigkeitsformen. Jedoch ist der heutige Pluralismus von anderer Qualität:

- Es stehen eine Vielzahl religiöser und säkularer Erklärungsmodelle für die Welt zur Verfügung.

- Aufgrund der veränderten Kommunikations- und Informationsmöglichkeiten ist die **Präsenz des Pluralismus** viel größer.

Dieser Prozess setzte mit dem Beginn der Neuzeit ein. Im Zuge der **Aufklärung** haben sich gesellschaftliche Bereiche wie Politik, Wirtschaft und Kultur, die im Mittelalter noch eine Einheit bildeten und deren Legitimations- und Deutungsgrundlage die Religion war, ausdifferenziert und verselbstständigt. Heute bildet die institutionalisierte Religion im Sinne des Soziologen Niklas Luhmann ein **Teilsystem innerhalb der funktional differenzierten Gesellschaft** neben anderen.

Mit der gesellschaftlichen Ausdifferenzierung **verliert die Religion** (im Falle der westlichen Demokratien das Christentum) **ihre Monopolstellung**. Außerdem setzt sich im Gefolge der Aufklärung die Einsicht durch, dass alle Menschen von Natur aus gleich sind und dieselben Rechte haben. Dazu gehört die **Gewissensfreiheit** und als Teil davon die **Religionsfreiheit**.

	vom **MITTELALTER** bis weit in die **NEUZEIT**	**AUFKLÄRUNG,** in deren Gefolge sich die Einsicht durchsetzt,	**HEUTE**
Status der Religion in der Öffent- lichkeit	• Monopolstellung: Religion als allum- fassendes Sinn- system • Verbindung von Kirche und Staat (vgl. Gottesgna- dentum)	dass … ▼ • alle Menschen von Natur aus gleich sind und • dieselben Rechte	• Religion als Teilsystem einer funktional ausdifferenzier- ten Gesellschaft
der Einzelne vor dem An- spruch der Religion	• Anerkennung des vorherrschenden religiösen Bekennt- nisses	haben, also auch das Recht auf Gewissensfrei- heit.	• Religionsfreiheit

Rechtliche Verankerung der Religionsfreiheit

Die Religionsfreiheit ist in der Allgemeinen Erklärung der Menschenrechte der UNO festgehalten.

*Jeder Mensch hat Anspruch auf Gedanken-, Gewissens- und Religions-
freiheit; dieses Recht schließt die Freiheit ein, seine Religion oder seine
Überzeugung zu wechseln, sowie die Freiheit, seine Religion oder seine
Überzeugung allein oder in der Gemeinschaft mit anderen in der Öffentlichkeit oder privat durch Lehre, Ausübung, Gottesdienst und Kulthandlun-
gen zu bekennen.* (Allgemeine Erklärung der Menschenrechte, Art. 18)

Auch im Grundgesetz der Bundesrepublik Deutschland werden in
Art. 4 die Glaubens- und Gewissensfreiheit ebenso wie die ungestörte
Religionsausübung garantiert. Der Begriff der Religionsfreiheit um-
fasst demnach zweierlei:

• Unter **positiver Religionsfreiheit** versteht man das Recht des Einzelnen (oder von Gruppen), seine Religion alleine oder in Gemeinschaft mit anderen in der Öffentlichkeit oder privat auszuüben.

• Unter **negativer Religionsfreiheit** versteht man die Freiheit eines
Einzelnen oder einer Gruppe von Menschen, nicht zur Teilnahme an
einer religiösen Handlung, Feier oder sonstigen religiösen Praktiken
gezwungen zu werden. Dazu gehören auch die Freiheit, die persönlichen religiösen Überzeugungen nicht offenzulegen, sowie das
Recht, Eidesformeln in einer religiös neutralen Form abzulegen.

Beide Formen der Religionsfreiheit können miteinander in **Konflikt** treten, wie z. B. die Debatte um ein pauschales Kopftuchverbot für Lehrerinnen in einer staatlichen Schule zeigt: Öffentliche Räume sollen im Sinne der negativen Religionsfreiheit religionsfreie Räume bleiben, d. h.: Es geht um die negative Religions- und Gewissensfreiheit der Schülerinnen und Schüler einerseits und die positive Religionsfreiheit der Kopftuch tragenden Muslima andererseits.

2.3 Das Verhältnis zwischen Staat und Kirche in der Bundesrepublik Deutschland

Das Verhältnis zwischen katholischer Kirche und der Bundesrepublik Deutschland ist durch Konkordate, also völkerrechtliche Verträge zwischen dem Vatikan und anderen Staaten, sowie Bestimmungen im Grundgesetz und den Landesverfassungen geregelt. Die vertraglichen Regelungen reichen dabei zurück bis zur Gründung des Deutschen Reiches, in dem die **Trennung zwischen Kirche und Staat** vollzogen wurde. Anders als in laizistischen Staaten wie Frankreich, wo Staat und Kirche strikt getrennt sind, besteht in Deutschland zwischen beiden Bereichen – trotz einer grundsätzlichen Trennung – **ein kooperatives Verhältnis**. Das bedeutet, dass es in einzelnen Bereichen zu einer Zusammenarbeit zwischen staatlichen und kirchlichen Einrichtungen kommt.

Kirche	Zusammenarbeit auf verschiedenen Gebieten, u. a.:	Staat
• Achtung der freiheitlich-demokratischen Grundordnung • Stabilisierung der staatlichen Ordnung durch Übernahme gesellschaftlicher Aufgaben (z. B. im Sozialwesen)	• **Bildung:** Religionsunterricht an öffentlichen Schulen unter staatlicher Aufsicht • **Steuerwesen:** Einzug der Kirchensteuer durch die Finanzämter • **Sozialwesen:** Seelsorge in öffentlichen Einrichtungen (z. B. Krankenhäuser, Strafanstalten)	• Verpflichtung auf weltanschauliche Neutralität • Achtung der Religionsfreiheit sowie der Selbstbestimmung von Religionsgemeinschaften

3 Deutungen der Wirklichkeit

3.1 Weltimmanente Deutungsmuster

Vertreter des **Materialismus** versuchen, die Welt aus sich selbst heraus zu erklären. So gehen Materialisten davon aus, dass alles, was existiert, aus Materie besteht oder sich auf materielle Wechselwirkungen und Gesetzmäßigkeiten zurückführen lässt. Jenseits des Materiellen existiere nichts, auch kein Gott. Die Gottesidee werde hinfällig.

- Die **Ursprünge** des Materialismus liegen in der **griechischen Naturphilosophie** (u. a. bei Leukipp und Demokrit, den Begründern der Atomtheorie), die nach natürlichen Erklärungen der Wirklichkeit anstelle von mythologischen suchte.

- Der Materialismus gewinnt **im Zeitalter der Aufklärung zunehmend an Bedeutung**, was u. a. auf die Entdeckung von immer mehr Naturgesetzen und auf das Bedürfnis, Religion als Teil des *Ancien Régime* in ihren Grundfesten zu erschüttern, zurückzuführen ist. Manche Denker der Aufklärung entwickeln eine radikal atheistische Position, was nicht ohne **Folgen für das Menschenbild** bleibt. So entwirft Julien Offray de La Mettrie in Analogie zu Isaac Newtons mechanistischer Physik das Bild vom Menschen als Maschine (vgl. „L'homme machine", 1747), wonach die menschliche Seele bzw. der menschliche Geist als Funktion der Materie aufzufassen sei.

- Bis heute wirken materialistische Positionen in Teilen der Analytischen Philosophie fort, wonach **mentale Phänomene** (z. B. Gefühle) restlos **auf neurophysiologische Ereignisse zurückzuführen** seien.

Gegen den Materialismus werden u. a. folgende **Einwände** vorgebracht:

- Menschliches Bewusstsein lässt sich nicht vollständig unter Rückgriff auf Materie erklären.

- Der Begriff der Wahrheit ist rein materialistisch nicht verständlich, da sich Wahrheit auf Ideen bzw. Vorstellungen bezieht und folglich nicht greifbar ist.

- Erkenntnis wird unzulässig auf das empirisch Fassbare verkürzt.

- Offen bleibt ferner, wie die Erkenntnis der Welt möglich ist und warum es überhaupt etwas gibt.

Auch mit der Philosophie des **logischen Positivismus** geht eine atheistische bzw. naturalistische Weltanschauung einher, wonach es **allein die endliche Wirklichkeit dieser Welt** gibt. Anders als traditionelle Atheisten gehen Anhänger des Positivismus aber nicht von der Frage aus, ob Gott existiert oder nicht. Für sie ist die Existenz Gottes vielmehr von vornherein ausgeschlossen, weil der Satz „Gott existiert" kein echter Behauptungssatz sei, sondern ein unsinniger Scheinsatz, der weder wahr noch falsch sein könne. Denn es handle sich weder um eine analytische Aussage (wie im Fall von Sätzen der Logik und Mathematik) noch um eine empirische Aussage, die sich durch das Positive (das durch Sinneswahrnehmungen oder Experimente erfahrungsmäßig Gegebene) überprüfen ließe.

> *Die meisten Sätze und Fragen, welche über philosophische Dinge geschrieben worden sind, sind nicht falsch, sondern unsinnig. Wir können daher Fragen dieser Art überhaupt nicht beantworten, sondern nur ihre Unsinnigkeit feststellen. [...] Die richtige Methode der Philosophie wäre eigentlich die: Nichts zu sagen, als was sich sagen lässt, also Sätze der Naturwissenschaft – also etwas, was mit Philosophie nichts zu tun hat –, und dann immer wenn ein anderer etwas Metaphysisches sagen wollte, ihm nachzuweisen, dass er gewissen Zeichen in seinen Sätzen keine Bedeutung gegeben hat.* (Ludwig Wittgenstein, Tractatus logico-philosophicus)

Bestimmend für den logischen Positivismus ist das **Exaktheitsideal der Naturwissenschaften**. Demnach müssen Methoden, Erklärungsformen und Begründungsweisen der Mathematik und der empirischen Naturwissenschaften (engl. *sciences*) auch in den Geistes- und Sozialwissenschaften Anwendung finden. Dies trug dem logischen Positivismus den **Vorwurf des Szientismus** ein. Gemeint ist, dass die Methoden der Naturwissenschaften unzulässig verabsolutiert werden. Norm- und Wertfragen bleiben ausgeklammert.

Inzwischen hat sich das Verhältnis von Naturwissenschaft und Glaube entspannt. Im Sinne des **Komplementaritätsmodells** werden Naturwissenschaft und Glaube als einander ergänzende und komplementäre Zugänge zur einen Wirklichkeit betrachtet. Glaube ist kein Ersatz für Wissen; Wissen macht Glauben nicht überflüssig. Weder die Perspektive des Glaubens noch die Perspektive der Wissenschaft reicht aus, um die Wirklichkeit vollständig zu begreifen (vgl. 3.3, S. 10 f.).

3.2 Glaube als für Transzendenz offenes Deutungsmuster

Zum Glaubensbegriff

Schon der große Kirchenvater Augustinus (354–430) unterscheidet den **Glaubensakt** (lat. *fides qua creditur:* der Glaube, mit dem geglaubt wird) vom **Glaubensinhalt** (lat. *fides quae creditur:* der Glaube, der geglaubt wird). Neben der kognitiven Dimension des Glaubens, die den Glauben primär unter dem Aspekt **inhaltlicher Überzeugungen** betrachtet, kennt Augustinus eine non-kognitive Dimension, die die **existenzielle Bedeutung des Glaubens** in den Blick nimmt: *credere Deo* (Gott glauben – im Sinne von „ihm" glauben) und *credere in Deum* (an Gott glauben). Demnach besitzt der Begriff „Glaube" vier Bedeutungsvarianten, die sich auch in unserem alltäglichen Sprachgebrauch wiederfinden:

non-kognitive Dimension Glaube unter dem Aspekt seiner existenziellen Bedeutung	**Glaube als Vertrauen** in einen anderen („Ich glaube dir.") **Glaube als existenziell bedeutsame Orientierung** und mit sinnstiftender Funktion, z. B. im Sinne des Glaubens an eine Person („Ich glaube an dich.") oder an ein bestimmtes Ideal („Ich glaube an Gerechtigkeit.")
kognitive Dimension Glaube unter dem Aspekt inhaltlicher Überzeugungen	**Glaube als Glaubensakt** im Sinne von persönlichen Überzeugungen („Ich glaube, dass morgen die Sonne scheint.") **Glaube als Glaubensinhalt**, das „Geglaubte" als Lehre („Ich glaube an Gott, den Schöpfer des Himmels und der Erde.")

Christlicher Glaube als personaler Akt

Christlicher Glaube umfasst alle vier Bedeutungsvarianten: Das **Vertrauen auf Gott** schließt den **Glauben an Gott** und eine entsprechende Ausrichtung des eigenen Lebens mit ein. Wer Gott vertraut, der glaubt zugleich an Gott und baut auf ihn. An Gott glauben impliziert damit den **Glauben, dass es einen Gott gibt**. Und das bedeutet nichts anderes als der Glaube an den zentralen **Glaubensinhalt** von der Existenz Gottes. Wer glaubt, deutet die Wirklichkeit also nicht weltimmanent, sondern ist offen für einen transzendenten Gott.

Der christliche Glaube ist damit ein **personaler Akt**, eine personale Begegnung zwischen Ich und Du. Besonders zum Ausdruck kommt dies in der möglichen Ableitung des lateinischen Wortes *credere* aus *cor dare* (das **Herz** geben). Glauben meint kein bloßes Für-wahr-Halten, sondern betrifft den Menschen als Person mit seiner ganzen Existenz, mit seiner ganzen Seele, mit seinem **Verstand** und mit seinem Willen. Daher bleibt Glaube auch nicht ohne Konsequenzen für das **Handeln** des Menschen, wie Jesus im Doppelgebot der Liebe deutlich macht.

> [29] *Höre, Israel, der Herr, unser Gott, ist der einzige Herr.* [30] *Darum sollst du den Herrn, deinen Gott, lieben mit ganzem Herzen und ganzer Seele, mit deinem ganzen Denken und mit deiner ganzen Kraft.* [31] *Als Zweites kommt hinzu: Du sollst deinen Nächsten lieben wie dich selbst. Kein anderes Gebot ist größer als diese beiden.* (Mk 12,29 ff.)

3.3 Verhältnis von Theologie und Naturwissenschaften

Der Umsturz des biblisch-geozentrischen Weltbildes infolge der **kopernikanischen Wende** stellte den biblischen Schöpfungsglauben und damit auch die traditionelle Theologie radikal infrage. Hinzu kam das sich entwickelnde mechanistische Naturverständnis (auf der Basis der newtonschen Mechanik). Spätestens seit Charles Darwins Evolutionstheorie im 19. Jahrhundert schien der Gegensatz zwischen Naturwissenschaft und Theologie unüberbrückbar.

Im Laufe der Zeit haben sich verschiedene **Modelle zur Verhältnisbestimmung von Naturwissenschaft und Theologie** entwickelt, die noch heute wirksam sind. Nach der gängigen Typologie von Ian G. Barbour werden meist vier Möglichkeiten unterschieden, wie sich Naturwissenschaft und Theologie aufeinander beziehen können: Konflikt, Unabhängigkeit, Dialog und Integration.

	Position	Beispiel(e)	Bewertung
Konflikt	naturwissenschaftliche und theologische Aussagen als miteinander konkurrierende und einander ausschließende Erkenntnisse in Bezug auf dieselbe Wirklichkeit	• wissenschaftlicher Materialismus • Biblizismus (z. B. in Form von Kreationismus und *Intelligent Design*)	• Grenzüberschreitung • Konfrontation zwischen Naturwissenschaft und Theologie
Unabhängigkeit	Naturwissenschaft und Theologie als voneinander unabhängige und autonome Bereiche, die methodisch und sprachlich nicht miteinander vergleichbar sind	• logischer Positivismus (z. B. in Form der sprachanalytischen Philosophie Ludwig Wittgensteins) • dialektische Theologie (z. B. Karl Barth)	• Preisgabe der Einheit der Wirklichkeit • kein konstruktiver Dialog zwischen Naturwissenschaft und Theologie
Dialog	Interaktion von Naturwissenschaft und Theologie in Bezug auf Grenzfragen	• Hans Küngs Komplementaritätsmodell	• Gott als Lückenbüßer für Unerklärtes ohne Relevanz für das Ganze der Wirklichkeit
Integration	Synthese naturwissenschaftlicher und theologischer Anschauungen	• Evolutionstheologie von Teilhard de Chardin (1881–1955)	• drohende Vernachlässigung der Eigengesetzlichkeit der Disziplinen

Fest steht: Die Rezeption naturwissenschaftlicher Erkenntnisse ist für eine **zeitgemäße Theologie** unersetzlich. Genuin christliche Anliegen wie der Umwelt- oder Lebensschutz erfordern das konstruktive Miteinander von Naturwissenschaft und Theologie.

Bibel

1 Basisinformationen zur Bibel

1.1 Entstehung und Alter

Die Bibel erzählt uns von **Erfahrungen, die Menschen mit Gott gemacht haben**. Sie ist nicht als das Werk eines einzelnen Schriftstellers am Schreibtisch entstanden. Vielmehr beruht die Bibel auf Erzählungen, die die Menschen zunächst nur **mündlich weitergegeben** haben – in der eigenen Familie bzw. Sippe, später von Stamm zu Stamm und schließlich unter den Mitgliedern des Gottesvolkes Israel. Jahrhunderte vergehen, ehe die mündlichen Überlieferungen **schriftlich aufgezeichnet** und in der Glaubensgemeinschaft Israels als „Heilige Schriften" **gesammelt** werden. Anlass dazu gibt der Untergang der Staaten Israel und Juda (722 bzw. 587 v. Chr.). Als Folge davon lebt das Volk Israel verstreut und hat das dringende Bedürfnis, seine Traditionen in den Schriften zu bewahren. So entsteht eine Sammlung von Überlieferungen, die in ihrem Kern bis auf die Zeit des Mose (13. Jh. v. Chr.) zurückgehen.

Die hebräische Bibel

Aus dieser Sammlung geht im 5.–4. Jh. v. Chr. die „Weisung" (**Tora**) hervor, die fünf Bücher Mose (Genesis bis Deuteronomium). Im 3. Jh. v. Chr. folgt die Zusammenstellung der „Propheten" (**Nebiim**). Dazu gehört auch ein Teil der später sogenannten Geschichtsbücher (Josua bis Könige). Vermutlich stand der Prophetenkanon bis zum 2. Jh. v. Chr. fest, da das um 165 v. Chr. verfasste Danielbuch keine Aufnahme mehr unter den prophetischen Schriften fand, sondern unter die „Schriften" (**Ketubim**) eingereiht wurde. Dieser dritte Teil der hebräischen Bibel ist um 100 n. Chr. abgeschlossen. Es handelt sich dabei um eine Sammlung von sehr unterschiedlichen Büchern, darunter Gebetstexte wie die Psalmen, weisheitliche Literatur wie das Buch der Sprichwörter und Dichtungen wie das Hohelied.

Die hebräische Bibel wird auch **Tenak** (sprich: „Tenach") genannt, ein Kunstwort aus den Anfangsbuchstaben von Tora, Nebiim und Ketubim. Alternativ wird auch der Begriff „Tora" als Bezeichnung für die hebräische Bibel verwendet. Dies verweist auf den großen Stellenwert, den die Sektion der „Weisung" in der jüdischen Tradition einnimmt.

Weisung (Tora) Erzählungen von der Schöpfung bis zum Einzug Israels in das verheißene Land, Gesetzestexte, das Bundesgesetz vom Sinai		Genesis Exodus Levitikus Numeri Deuteronomium
Propheten (Nebiim) Erzählungen über die Geschichte Israels von der Landnahme bis zur Verbannung und Rückkehr aus dem Babylonischen Exil (586 – 538 v. Chr.), Spruchsammlungen der Propheten	**Vordere Propheten**	Josua Richter 1/2 Samuel 1/2 Könige
	Hintere Propheten bestehend aus drei „Großen Propheten" (Jes, Jer, Ez) und zwölf „Kleinen Propheten" (Hos–Mal)	Jesaja Jeremia Ezechiel Hosea Joel Amos Obadja Jona Micha Nahum Habakuk Zaphanja Haggai Sacharja Maleachi
Schriften (Ketubim) Bücher unterschiedlicher Inhalte und literarischer Gattungen (z. B. Gebetstexte, Dichtungen)		Psalmen Hiob Sprichwörter
	Festrollen (für Lesungen in der Synagoge an besonderen Feiertagen)	Rut (Wochenfest) Hohelied (Passahfest) Kohelet (Laubhüttenfest) Klagelieder (Tempelzerstörung) Ester (Purimfest)
		Daniel Esra-Nehemia 1/2 Chronik

Wichtige Übersetzungen der hebräischen Bibel sind:

- die **Septuaginta** (Abkürzung: LXX), eine seit dem 3. Jh. v. Chr. entstehende Übersetzung ins Altgriechische (mit 15 weiteren Büchern über die hebräische Bibel hinaus), und

- die **Vulgata**, die aus dem 4. Jh. n. Chr. stammende lateinische Bibelübersetzung durch den Theologen Hieronymus (auch zusätzliche Schriften der Septuaginta aufgenommen).

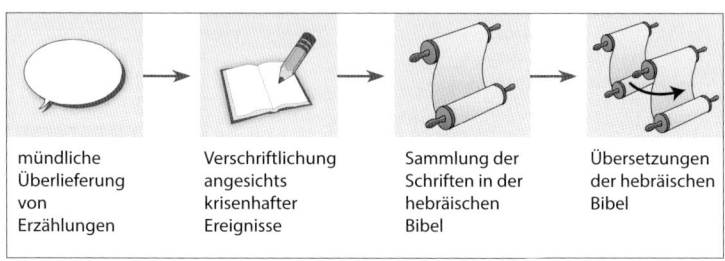

| mündliche Überlieferung von Erzählungen | Verschriftlichung angesichts krisenhafter Ereignisse | Sammlung der Schriften in der hebräischen Bibel | Übersetzungen der hebräischen Bibel |

Die christliche Bibel

Während die hebräische Bibel dreigeteilt ist, weist die christliche Bibel mit dem Alten Testament und dem Neuen Testament eine **zweigliedrige Struktur** auf. Die Bezeichnung „Altes Testament" als Name für die hebräische Bibel geht auf den Apostel Paulus (vgl. 2 Kor 3,14) zurück. In seiner Verkündigung hat er sich ebenso wie Jesus auf die Schriften der hebräischen Bibel berufen (vgl. 1 Kor 15,3), und zwar in der sprachlichen Fassung der Septuaginta (s. o.).

Ursprünglich wurde die Jesus-Botschaft in der Urkirche **mündlich wiedergegeben**. Aber schon bald begannen die Anhänger Jesu damit, die Worte und Taten Jesu schriftlich zu bewahren und weiterzugeben, z. B. in der **Spruchsammlung Q** als der frühesten Zusammenfassung von Jesusworten. Diese ist nicht mehr erhalten; sie lässt sich aber aus dem Vergleich der synoptischen Evangelien (MkEv, MtEv und LkEv) rekonstruieren. Der Zwei-Quellen-Theorie zufolge benutzten nämlich Lukas und Matthäus neben dem Markusevangelium auch Q als Quelle für ihre Evangelien. Zudem ließen beide Sondergut, d. h. Texte, die weder im Markusevangelium noch in Q enthalten sind, in ihre Evangelien einfließen. Daraus ergeben sich folgende Zusammenhänge:

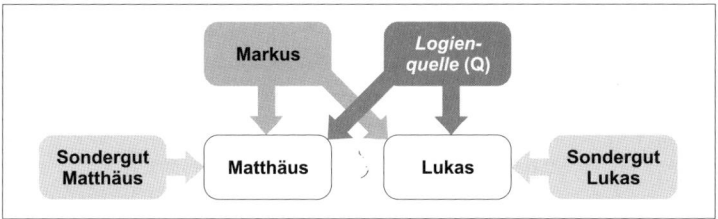

Die Evangelisten Markus, Matthäus, Lukas und Johannes sammeln die mündlichen und schriftlichen Quellen (vgl. Lk 1,1 f.) und schreiben auf dieser Grundlage die **Evangelien** nieder. Von Lukas stammt außerdem die **Apostelgeschichte**. Besondere Verbindlichkeit erlangen die **Paulusbriefe**, die ältesten neutestamentlichen Schriften (aus der Zeit 50–60 n. Chr.), die von den frühchristlichen Gemeinden schon bald abgeschrieben und untereinander ausgetauscht werden (vgl. Kol 4,16). Bis zum Ende des 1. Jh. n. Chr. entstehen auch die anderen neutestamentlichen Schriften. Dazu zählen: die **Johannesbriefe**, die **Pastoralbriefe**, der **Hebräerbrief** und **die Katholischen Briefe** sowie die **Offenbarung des Johannes**.

Daneben gibt es viele weitere Schriften, die im Titel beanspruchen, Evangelien (z. B. das Thomasevangelium), Apostelgeschichten (z. B. die Paulusakten) oder Jüngerbriefe (z. B. der dritte Korintherbrief) zu sein. Deshalb muss die Urkirche schon bald entscheiden, welche Texte als Heilige Schriften gelten sollen. Diesen Prozess der Auswahl und Zusammenstellung der biblischen Bücher nennt man **Kanonisierung**. Erst auf dem Konzil von Trient im Jahr 1546 erfolgt die endgültige Festlegung über den Kanon der alttestamentlichen und neutestamentlichen Schriften der Bibel in der römisch-katholischen Kirche.

1.2 Umfang und Aufbau

Vom griechischen Wort *biblía* (Plural von *biblíon:* Buch) her ist die Bibel ein Buch der Bücher, eine richtige Bibliothek: Für Katholiken besteht die Bibel aus **46 Schriften des Alten und 27 Schriften des Neuen Testaments**. In protestantischen Bibelausgaben finden sich ebenfalls 27 neutestamentliche Bücher, aber nur 39 alttestamentliche.

Denn für Protestantinnen und Protestanten gehören die deuterokanonischen Schriften Tobit, Judith, 1/2 Makkabäer, Weisheit, Jesus Sirach und Baruch nicht zum Kanon des Alten Testaments.

ALTES TESTAMENT	Die fünf Bücher Mose	Genesis Exodus Levitikus Numeri Deuteronomium
	Die Bücher der Geschichte des Volkes Gottes	Josua Richter Rut 1/2 Samuel 1/2 Könige 1/2 Chronik Esra Nehemia Tobit Judit Ester 1/2 Makkabäer
	Die Bücher der Lehrweisheit und die Psalmen	Hiob Psalmen Sprichwörter Kohelet Hohelied Weisheit Jesus Sirach
	Die Bücher der Propheten	Jesaja Jeremia Klagelieder Baruch Ezechiel Daniel
	Das Zwölfprophetenbuch	Hosea Joël Amos Obadja Jona Micha Nahum Habakuk Zefanja Haggai Sacharja Maleachi

NEUES TESTAMENT	Die Evangelien	Matthäus Markus Lukas Johannes
	Die Apostelgeschichte	Apostelgeschichte
	Die Paulinischen Briefe	Römer 1/2 Korinther Galater Epheser Philipper Kolosser 1/2 Thessalonicher
	Die Pastoralbriefe	1/2 Timotheus Titus Philemon Hebräer
	Die Katholischen Briefe	Jakobus 1/2 Petrus 1/2/3 Johannes Judas
	Die Offenbarung des Johannes	Offenbarung des Johannes

Beim **Vergleich mit der hebräischen Bibel** fällt auf, dass die Prophetenbücher in der Einheitsübersetzung (die Standardausgabe der katholischen Bibel) am Ende des Alten Testaments stehen. Dahinter stecken unterschiedliche Glaubensüberzeugungen:

- In der **jüdischen Tradition** steht die Tora als Weisung Gottes für ein gelingendes Leben am Anfang. Die Überlieferungen der Propheten zeugen vom Wirken des Wortes Gottes in der Geschichte. Die abschließende Sammlung von Schriften bietet Bücher, die im Gottesdienst von Bedeutung sind.

- Dagegen rücken die Bücher der Propheten **im christlichen Kanon** ans Ende des Alten Testaments. Denn für Christinnen und Christen erfüllen sich die prophetischen Weissagungen erst mit dem Leben und Wirken Jesu. So verweist das Alte Testament auf seine Erfüllung im Neuen Testament.

2 Bibelauslegung

Für Christinnen und Christen bildet die Bibel eine grundlegende Quelle für ihren Glauben. Die Auslegung der Bibel (**Exegese**) ist daher von zentraler Bedeutung im Christentum. Ziel der Exegese ist es, die Bibel zu verstehen.

2.1 Historisch-kritische Exegese

Die historisch-kritische Exegese versucht zu ermitteln, was der Autor eines biblischen Textes, z. B. eines Evangeliums, den Leserinnen und Lesern mitteilen wollte und wie diese den Text verstanden haben.

Die Auslegung erfolgt **historisch-kritisch**. Methodisch werden die biblischen Texte dabei nicht anders behandelt als andere literarische Texte der Antike, die nach wissenschaftlichen Kriterien untersucht werden. Mit anderen Worten: Die biblische Überlieferung wird im Rahmen der historisch-kritischen Exegese einer **kritischen** Betrachtung unterzogen, und zwar unter besonderer Berücksichtigung des **historischen** Prozesses der Entstehung der Texte.

Methodenschritte

- Wir besitzen nur Abschriften der Bibel, die sich z. T. erheblich voneinander unterscheiden (abweichende Lesarten). Der ursprüngliche Text liegt uns nicht vor. Die **Textkritik** untersucht die handschriftliche Überlieferung des Bibeltextes und versucht, den Wortlaut zu rekonstruieren, der dem Urtext am nächsten kommt. Bei der textkritischen Entscheidung für eine bestimmte Lesart folgen Exegetinnen und Exegeten z. B. dem Prinzip der *lectio brevior,* wonach die kürzere Lesart einer Textstelle als die ursprünglichere Variante anzusehen ist. Denn bei der Überlieferung (heiliger) Texte besteht eher die Tendenz zur Erweiterung als zur Streichung.

- Sodann zeichnet die **Literarkritik** den Prozess der Textentstehung nach. Inhaltliche Spannungen, Widersprüche und Wiederholungen legen nahe, dass die Bibel im Laufe ihrer Entstehungsgeschichte mehrfach bearbeitet wurde. Vorlagen wurden überarbeitet, zusammengefügt und ergänzt. Die Literarkritik deckt die verschiedenen literarischen Schichten auf und arbeitet einzelne Textabschnitte (Perikopen) heraus.

- Die **Überlieferungskritik** fragt demgegenüber nach der mündlichen Vorstufe eines Textes vor der Erstverschriftlichung.

- Die **Form- bzw. Gattungskritik** untersucht den Einzeltext im Blick auf festgeprägte Redewendungen (Formeln) und spezifische Gattungsmerkmale. Diese geben Aufschluss über die ursprüngliche Entstehungssituation und die Funktion eines Textes, seinen „Sitz im Leben". Deshalb ist dieser Methodenschritt grundlegend für das Verständnis eines Textes. Wer beispielsweise „Das Gleichnis vom Sämann" (vgl. Mk 4,3–9) als Tatsachenbericht über die Arbeit eines Landwirts zur Zeit Jesu liest, verfehlt die Aussageabsicht des Gleichnisses.

- Die **Motivkritik** verortet die Texte traditionsgeschichtlich. Sie untersucht, ob und auf welche Weise ein Autor Vorstellungen aus seiner Umwelt (z. B. Redewendungen, Themen, Motive) aufgreift. Dazu vergleicht man in der Exegese z. B. die Verwendung eines Begriffs im Markusevangelium mit der im Alten Testament.

- Die Endgestalt eines biblischen Textes geht auf einen Redaktor oder mehrere Redaktoren zurück. Als Redaktor bezeichnet man in der Bibelwissenschaft den Überarbeiter eines Textes. Seine Arbeitsweise analysiert die **Redaktionskritik**. Die vom Redaktor vorgenommenen Änderungen an seiner Vorlage (z. B. sprachliche oder inhaltliche Anpassungen, Auslassungen) geben uns Rückschlüsse auf seine Aussageabsicht.

Historisch-kritische Exegese am Beispiel von Mk 2,1–12 („Die Heilung eines Gelähmten")

Mk 2,1–12 historisch-kritisch erschließen	Merkmale des Methodenschritts	Anwendung auf Mk 2,1–12
Textkritik	• Ziel: Rekonstruktion des Urtextes • Regeln: u. a. Bevorzugung der *lectio brevior*	• Textforschung auf der Basis der 28. Auflage des griechischen Neuen Testaments von Nestle-Aland (wissenschaftliche Bibelausgabe; nach den Herausgebern Eberhard Nestle, Erwin Nestle und Kurt Aland benannt)
Literarkritik	• Ziel: Aufdeckung literarischer Schichten • Kriterien: sprachl.-stilist. Auffälligkeiten, Wiederholungen, Spannungen	• Wiederholung in V. 5 und 10 als Hinweis auf zwei literarische Schichten, nämlich Mk 2,1–5.11 f. und Mk 2,6–10
Gattungskritik	• Ziel: Bestimmung literarischer Gattungen samt „Sitz im Leben" • Kriterien: Gattungsschemata	• Wundergeschichte Mk 2,1–5.11 f. mit Missionspredigt als „Sitz im Leben" • Streitgespräch Mk 2,6–10 mit innergemeindlicher Debatte als „Sitz im Leben"
Motivkritik	• Ziel: Erschließung des historischen Kontextes zur traditionsgeschichtlichen Verortung • Vorgehensweise: Motivvergleich	• jüdische Vorstellung von der Sündenvergebung allein durch Gott und nur nach vorheriger Umkehr (vgl. Hos 5,15) • Reich-Gottes-Botschaft Jesu vom bedingungslosen Heilswillen Gottes • Frage nach der Sündenvergebung in der Urgemeinde
Redaktionskritik	• Ziel: Ermittlung der Aussageabsicht des Redaktors • Kriterien: sprachliche, inhaltliche, theologische Anpassungen; Auslassungen	• Sündenvergebung schon gegenwärtig möglich (aufgrund des Opfertodes Christi), nicht erst durch Gott am Ende der Zeit

Chancen und Grenzen der historisch-kritischen Methode

Die historisch-kritische Exegese war lange Zeit umstritten, bis zur Bibelenzyklika „Divino afflante Spiritu" (1943) sogar lehramtlich verboten. Heute gehört sie zum bibelwissenschaftlichen Standard. So stellte die päpstliche Bibelkommission 1993 im Dokument „Die Interpretation der Bibel in der Kirche" fest:

> Die historisch-kritische Methode ist die unerlässliche Methode für die wissenschaftliche Erforschung des Sinnes alter Texte. Da die Heilige Schrift als ‚Wort Gottes in menschlicher Sprache' in all ihren Teilen und Quellen von menschlichen Autoren verfasst wurde, lässt ihr echtes Verständnis diese Methode nicht nur als legitim zu, sondern es erfordert ihre Anwendung. *(Die Interpretation der Bibel in der Kirche)*

Die historisch-kritische Methode stellt dennoch nur eine von mehreren Formen der Annäherung an biblische Texte dar und stößt je nach Leseintention auch an ihre Grenzen.

Chancen der historisch-kritischen Methode	Grenzen der historisch-kritischen Methode
Sicherung der Wissenschaftlichkeit von Theologie	keine Aussage zur persönlichen bzw. existenziellen Bedeutung der Bibel durch rein wissenschaftlichen Zugang
historische Einordnung als Verständnishilfe (z. B. für „sperrige" Stellen wie die Feindpsalmen)	drohende Vernachlässigung des Textes in seiner überlieferten Gestalt
Schutz vor Fundamentalismus durch kritische Betrachtung und historische Distanz	fehlende Berücksichtigung des Charakters der Bibel als Offenbarungszeugnis mit Bedeutung für die Gegenwart

2.2 Rezipientenorientierte Zugänge

Als Heilige Schrift wirft die Bibel nicht nur historische Fragen auf. Neben dem textorientierten Ansatz der historisch-kritischen Bibelauslegung hat die Exegese deshalb alternative Methoden entwickelt, die bei den Leserinnen und Lesern von heute und ihrer Lebens- und Erfahrungswelt ansetzen: sog. rezipientenorientierte Auslegungs- und Zugangsarten.

Einen bedeutenden methodischen Ansatz legt der evangelische Neu-
testamentler Rudolf Bultmann im Anschluss an die Existenzphiloso-
phie Martin Heideggers 1941 in seinem Vortrag „Neues Testament
und Mythologie" mit der **existenzialen Interpretation** vor: Für Bultmann spiegeln sich in den biblischen Texten Grundstrukturen des
menschlichen Daseins. Jedoch lasse sich das mythologische Weltbild
der Bibel nicht einfach in die moderne Zeit mit ihrem naturwissen-
schaftlich geprägten Wirklichkeitsverständnis übertragen. Aufgabe der
Exegese sei es, diesen Graben zu überwinden. Dazu müsse sie den
Mythos abstreifen und so die tiefere Botschaft des Bibeltextes (das
Kerygma) für den Leser bzw. die Leserin freilegen, und zwar durch
Entmythologisierung im Sinne einer zeitgemäßen, existenzialen
Interpretation des Mythos.

In der heutigen Diskussion spielen darüber hinaus insbesondere folgende rezipientenorientierte Zugänge zur Bibel eine Rolle:

- Die **tiefenpsychologische Interpretation** stützt sich auf die Psychoanalyse von Sigmund Freud (1856–1939) und die Tiefenpsycho-
  logie von Carl Gustav Jung (1875–1961) und überträgt deren
  Grundannahmen auf die Deutung der Bibel. Der bekannteste Vertreter der tiefenpsychologischen Interpretation ist der katholische
  Theologe Eugen Drewermann.

- Die **soziologische Bibelauslegung** geht aus von den im biblischen
  Text deutlich werdenden sozialen Verhältnissen und fragt, welche
  Wirkung der Text auf das Leben und Handeln der Leserinnen und
  Leser beabsichtigt.

- Die **feministische Exegese** berücksichtigt bei der Bibelauslegung
  besonders die Perspektive der Frauen.

3 Die Bibel als Offenbarungszeugnis

3.1 Schriftverständnis der katholischen Kirche

In der Bibel haben Menschen ihre Erfahrungen mit Gott gesammelt und schriftlich festgehalten. Die Bibel ist **Menschenwort**, wie z. B. der Anfang des Lukasevangeliums deutlich bezeugt.

1 Schon viele haben es unternommen, eine Erzählung über die Ereignisse abzufassen, die sich unter uns erfüllt haben. 2 Dabei hielten sie sich an die Überlieferung derer, die von Anfang an Augenzeugen und Diener des Wortes waren. 3 Nun habe auch ich mich entschlossen, nachdem ich allem von Beginn an sorgfältig nachgegangen bin, es für dich, hochverehrter Theophilus, der Reihe nach aufzuschreiben. *(Lk 1,1 ff.)*

Gleichwohl begegnet uns nach christlicher Überzeugung in der Bibel das **Wort Gottes.** Die **Lehre von der Schriftinspiration** versucht, dies zu erklären:

Schon die Glaubensgemeinschaft Israels hat die Tora als Heilige Schrift und inspiriertes Wort Gottes bewertet. Diese Vorstellung gründet im alttestamentlichen Glauben an den zu seinem Volk sprechenden Gott, der sein Wort berufenen Menschen in den Mund gelegt und zur Niederschrift anvertraut hat. So gelten die Weisungen am Sinai als das von Gott verkündete Gesetz. Auch in den Worten der Prophetinnen und Propheten redet Gott zu seinem Volk.

Die Urkirche hat den Gedanken von der Schriftinspiration aufgenommen und verstand die Heilige Schrift als von Gottes Geist inspiriert, d. h. eingegeben (vgl. 2 Tim 3,15). In den biblischen Autoren sah man Werkzeuge Gottes, die unter der Eingebung des Geistes Gottes geschrieben haben. Die Inspiration bezog man entweder auf ihren Wortlaut (**Verbalinspiration**) oder auf den Inhalt (**Realinspiration**). Dieses Schriftverständnis mündete in die Behauptung der Irrtumslosigkeit der Bibel und hat in der Vergangenheit zu Konflikten beim Umgang mit unvereinbaren wissenschaftlichen Erkenntnissen geführt. Ein bekanntes Beispiel aus der Kirchengeschichte ist der Prozess gegen Galileo Galilei (1564–1642), der mit seiner Entdeckung des heliozentrischen Weltbildes das geozentrische Weltbild des Schöpfungsberichts widerlegt hat.

Inzwischen wurde die traditionelle Auffassung von der Schriftinspiration modifiziert:

- Als von Gottes Geist inspiriert und damit als Wort Gottes gilt die Bibel insofern, als sie Erfahrungen von Menschen mit Gott und damit Gottesoffenbarung *bezeugt*. Mit anderen Worten: Die Bibel ist **Zeugnis der Offenbarung** und **nicht die Offenbarung selbst**.

- Die Heiligen Schriften der Bibel teilen die göttliche Heilswahrheit unverfälscht mit. Gläubige finden in der Bibel eine verlässliche Grundlage für ihr Leben aus dem Glauben an Gott. Die Bibel garantiert jedoch **keine Irrtumslosigkeit** in naturwissenschaftlicher oder historischer Hinsicht.

- Die **biblischen Autoren** sind als „**echte Verfasser**" anzusehen (vgl. die Dogmatische Konstitution über die göttliche Offenbarung auf dem Zweiten Vatikanischen Konzil, „Dei verbum" 11).

Die Bibel als Offenbarungszeugnis

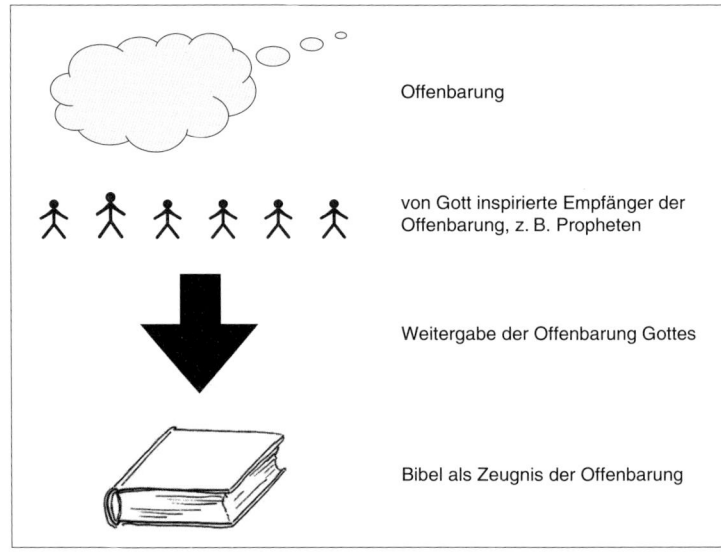

Offenbarung

von Gott inspirierte Empfänger der Offenbarung, z. B. Propheten

Weitergabe der Offenbarung Gottes

Bibel als Zeugnis der Offenbarung

3.2 Schriftverständnis des Islam

Das katholische Schriftverständnis unterscheidet sich damit grundlegend von der muslimischen Sicht auf den Koran:

- Muslimas und Muslime verstehen den Koran als von Gott durch den
  Engel Gabriel **direkt an den Propheten Muhammad** geoffenbarte
  Schrift (Verbalinspiration).

- In diesem Sinne gilt der **Koran selbst als Offenbarung** (Inlibra-
  tion) und nicht als Offenbarungszeugnis.

- Der **Prophet Muhammad** fungiert lediglich **als Vermittler** des
  ihm persönlich geoffenbarten Korans.

Gott

1 Gottesbilder in der Bibel

1.1 Gottesbilder im Alten Testament

In fast allen alttestamentlichen Schriften erscheint **Gott als Schöpfer der Welt**.

Im Anfang schuf Gott Himmel und Erde. (Gen 1,1)

Aus der Art und Weise, wie das Schöpfungshandeln Gottes dargestellt wird, ergeben sich folgende grundlegende Vorstellungen:

- Gott ist ein **universaler Schöpfer** im Sinne einer allumfassenden und alles durchdringenden Macht.

- Gott ist ein **absoluter Schöpfer**, der völlig frei und unabhängig ganz allein alles schafft. Dies verweist auf die Einzigkeit, Ewigkeit und Souveränität Gottes.

- Gott ist ein **personaler Schöpfer**, wie die Schöpfung durch das Wort (als Ausdruck seiner Personalität, z. B. Gen 1,3) und die Erschaffung des Menschen zeigen. Der Mensch ist Abbild Gottes und steht als solches in einer personalen Beziehung mit seinem Schöpfer.

- Gott ist ein **guter Schöpfer**, der als gute Ordnungsmacht und gütige Heilsmacht am Werk ist.

In Bezug auf das Problem der **Vereinbarkeit des Glaubens an den Schöpfergott mit der Evolutionstheorie** ist zu beachten, dass die biblische Schöpfungsgeschichte keine naturwissenschaftliche Abhandlung bietet, sondern eine Glaubensaussage.

Aus alttestamentlicher Sicht ist Gott nicht nur Schöpfer, sondern auch **Herr bzw. Herrscher**.

24 Herr, Herr Gott, Schöpfer aller Dinge, furchtbarer, starker, gerechter und barmherziger Gott! Du allein bist König und gütig. 25 Du allein bist der Geber aller Gaben. Du allein bist gerecht, allmächtig und ewig. (2 Makk 1,24 f.)

Folgende Grundbestimmungen prägen das Wesen Gottes als Herrscher:

- Gott ist ein **allumfassender Herrscher** mit einer alles bestimmenden Macht und übt insofern eine unbegrenzte Herrschaft aus (vgl. Ps 97,5).
- Gott ist ein **dauernder Herrscher** mit einer unbefristeten und unvergänglichen Herrschaft (vgl. Ex 15,18).
- Gott ist **alleiniger Herrscher**, d. h. die einzige und höchste Macht (vgl. Ps 83,19).
- Gott ist ein **heiliger und herrlicher Herrscher** (vgl. Jes 6,3).
- Gott ist ein **gütiger, gerechter und barmherziger Herrscher** (vgl. Ps 145,7 ff.).

Nach alttestamentlicher Überzeugung ist Gott als Schöpfer und Herr zwar transzendent (das Irdische überschreitend), aber er wirkt zugleich immanent (innewohnend) in der Geschichte auf das Heil der Menschen hin, insbesondere in der Geschichte mit seinem Volk Israel. Darin offenbart sich Gott zunächst einmal als **Retter**.

Ich bin der Herr, dein Gott, der dich aus dem Land Ägypten geführt hat, aus dem Sklavenhaus. *(Ex 20,2)*

In seinem Rettungshandeln zeigt sich Gott als …

- **Befreier-Gott**, der sein Volk von Unheil erlöst, vor Unheil bewahrt oder durch Unheil hindurch geleitet.
- **Gott des Bundes**, der zum Wohl der Menschen wirkt und im Gegenzug für seine Heilszusage und Treue Bundesforderungen gegenüber den Menschen erhebt.
- **Helfer-Gott** für jeden einzelnen Menschen – sei es in äußerer Not (wie z. B. Armut oder Krankheit, vgl. Ps 37 bzw. 41) oder innerer Not (z. B. Mutlosigkeit, vgl. Ps 34,19).

Daneben charakterisieren die alttestamentlichen Schriften (v. a. im Pentateuch, in den Psalmen und bei den Propheten) Gott als **Richter**.

Gott ist ein gerechter Richter. *(Ps 7,12)*

Gottes richterliches Handeln entfaltet sich in …

- **Gottes Gerechtigkeit** als Richter über die Einhaltung der Bundesgerechtigkeit und durch Vergeltung (im Sinn von Belohnung oder Bestrafung) zur Durchsetzung des Rechts und zur Verhinderung von Unrecht.
- **Gottes Heiligkeit** im (Zorn-)Gericht über die Sünde durch Verurteilung der Bösen und Errettung der Guten.

Die gegenwärtige Theologie tendiert dazu, das richterliche Handeln Gottes auszuklammern bzw. zu verdrängen. Dies wird dem alttestamentlichen Gottesverständnis ebenso wenig gerecht wie die einseitige Betonung des strafenden Gottes in der traditionellen christlichen Theologie. Zwischen dem Rettungshandeln und dem richterlichen Handeln Gottes besteht nach alttestamentlicher Grundüberzeugung ein innerer Zusammenhang in Bezug auf das Heil des Menschen: Gott richtet zum Wohl der Menschen.

Entwicklung des Gottesglaubens im Alten Testament

Zeit	Geschichte der Israeliten	Gottesbild	Vorstellungen
1500 v. Chr.	nomadische Lebensweise in Sippen	persönlicher Schutzgott	Gott als Anführer und Beherrscher der Natur
1200 bis 1000 v. Chr.	Auszug aus Ägypten / Landnahme	Gott des Bundes	Gott als Befreier, Nebeneinander von „Patriarchengöttern"
um 1000 v. Chr.	Königreich Israel	Gott des Volkes Israel	Anwesenheit Jahwes im Jerusalemer Tempel (neben anderen Göttern, Polytheismus)
9. bis 6. Jahrhundert v. Chr.	Jahwe-allein-Bewegung	Gott als höchster Herr	Anspruch Jahwes auf alleinige Verehrung (Monolatrie)
597–539 v. Chr.	Babylonisches Exil	Gott als universaler Schöpfer und Richter	Gott als Schöpfer auch Herr über die Geschichte, Deutung von Katastrophen als Strafe (Monotheismus)

1.2 Gottesbilder im Neuen Testament

Die Schriften des Neuen Testaments bezeugen, dass das Alte Testament die Ausgangsbasis für Jesu Gottesverständnis darstellt. Jesus hält fest an …

- der **Einzigkeit** Gottes (vgl. Mk 12,29 f.),
- der Vorstellung von Gott als **Schöpfer** und **Herr** sowie
- als **Retter** und **Richter**.

Aber er entwickelt das Gottesverständnis weiter, indem er alttestamentliche Aussagen über das Königtum und Vatersein Gottes in den Mittelpunkt seiner Rede von Gott stellt:

> *9 So sollt ihr beten: Unser Vater im Himmel, geheiligt werde dein Name, 10 dein Reich komme, dein Wille geschehe wie im Himmel, so auf der Erde.*
>
> *(Mt 6,9 f.)*

In der Verkündigung Jesu bilden das **Reich Gottes** und die **Väterlichkeit Gottes** das Zentrum. Gott ist …

- **der nahe und ferne Gott**, insofern als das Reich Gottes gegenwärtig schon angebrochen ist (vgl. Lk 17,21) und in der Zukunft vollendet wird (vgl. Lk 22,18),
- **der schenkende und fordernde Gott**, da das Reich Gottes zugleich Gabe und Aufgabe ist (vgl. die Umkehrforderung in der Bergpredigt),
- **der liebende und richtende Gott**, der als gütiger Vater Barmherzigkeit übt und einfordert (vgl. Lk 6,36 f.).

Eine neue Ausprägung erhalten die alttestamentlichen Gottesvorstellungen in der Verkündigung Jesu und noch deutlicher im Gottesverständnis des Urchristentums durch die **Identifikation Jesu mit Gott**, die Ausdruck findet in …

- Jesu besonderer **Sohnesbeziehung** zu Gott (vgl. Mt 11,27) und
- **Jesu Vollmacht** in Offenbarungs-, Willens- und Handlungseinheit mit Gott (vgl. Mk 1,22).

Dies führt zu einer christozentrischen Weiterentwicklung der alttestamentlichen Gottesvorstellungen, die engstens mit der Person Jesu und dem Heilswerk Jesu Christi in Verbindung gebracht werden.

2 Anfragen an den Glauben an Gott

2.1 Formen der Auseinandersetzung mit dem Gottesglauben

In vielen Kulturen der Gegenwart und Vergangenheit wird bzw. wurde die Frage, ob es ein absolutes Wesen gibt, positiv beantwortet. Doch bei der Frage, in welcher Form es existiert und wie man es erkennen könne, weichen die Vorstellungen voneinander ab. Anhänger der atheistischen Position bestreiten dagegen, dass es überhaupt etwas wie eine höhere Macht gibt.

	Existenz des Göttlichen	Wesen des Göttlichen	Erkenntnis des Göttlichen
Theismus	Annahme der Existenz eines Gottes	personaler, absoluter Urheber und Lenker der Welt	unabhängig von Glaube und Offenbarung allein durch Vernunft
Polytheismus	Annahme der Existenz vieler Gottheiten	personhafte höchste Wirklichkeiten	Offenbarung von Gott her; Glaube vom Menschen her
Monotheismus	Annahme der Existenz eines einzigen Gottes	personaler Schöpfer- und Heilsgott	Offenbarung von Gott her; Glaube vom Menschen her
Pantheismus	Annahme der Existenz einer alles durchdringenden göttlichen Substanz	absolute, ewige, unendliche Substanz	Meditation, Gefühl
Deismus	Annahme der Existenz eines Gottes	personhafter, weltferner Schöpfergott	allein durch die Vernunft
Agnostizismus	Bestreitung der Möglichkeit einer Aussage über die Existenz Gottes	unerkennbar	Unerkennbarkeit
Atheismus	Leugnung der Existenz Gottes	Scheinwirklichkeit	Deutung religiöser Erkenntnis als Projektion oder Illusion

Beim Atheismus lassen sich folgende Formen unterscheiden:
- **theoretischer Atheismus:** rational begründete Ablehnung Gottes
- **praktischer Atheismus:** Gleichgültigkeit gegenüber der Gottesfrage

2.2 Grundformen der Religionskritik

Interne Religionskritik

- Definition: vom Standpunkt innerhalb einer bestimmten religiösen Tradition geübte Kritik an Fehlformen, z.B. missbräuchlichen Praktiken
- Ziel: Anstoß von Reformen
- Beispiel: Kritik Jesu an der Gesetzesauslegung im Judentum seiner Zeit oder Luthers Kritik an der Ablasspraxis seiner Kirche

Interreligiöse Religionskritik

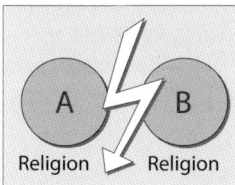

- Definition: vom Standpunkt innerhalb einer bestimmten religiösen Tradition gegen eine andere Religion gewendete Kritik
- Ziel: Aufweis der eigenen Tradition als bessere Alternative
- Beispiel: Kritik des Islams am trinitarischen Gottesbild

Externe Religionskritik

- Definition: Kritik der Religion auf atheistischer Basis in Bezug auf die Inkohärenz (= Widersprüchlichkeit) des Gottesbegriffs und / oder Funktionen der Religion
- Ziel: Überwindung von Religion
- Beispiele: Religionskritik auf der Basis der Theodizeefrage und damit einhergehend der Vorwurf, Religion sei falsch (Inkohärenz); Klassiker der Religionskritik (vgl. 2.3, S. 32 ff.), wonach Religion nicht nur falsch, sondern auch schädlich sei (Funktionen der Religion)

2.3 Klassiker der Religionskritik

Geschichte der Religionskritik

- Voraussetzung: **Ablösung des mythologischen Denkens** durch das philosophische Denken im 6. Jh. v. Chr. führt zur Hinterfragung des Gottesglaubens
- religionskritische Ansätze in der Antike bei den **Sophisten**, z. B. Prodikos (um 450 v. Chr.), wonach die Götter Ausdruck menschlicher Gefühle wie Dankbarkeit seien (vgl. auch Feuerbach)
- Höhepunkt: **Religionskritik im 19. und 20. Jahrhundert**

Ludwig Feuerbach (1804–1872)

- **humanistischer** Atheismus
- Wesen der Religion: **Projektion** menschlicher Wünsche und Ideale (z. B. Unsterblichkeit, Vollkommenheit, Allmacht) auf Gott
- Ziel der Kritik: **Überwindung der religiösen Selbstentfremdung**, die dazu führe, menschliche Ideale wie Gerechtigkeit Gott zuzusprechen, dem Menschen dagegen abzusprechen; **Atheismus um des Menschen willen** (da die Verehrung Gottes als höchstes Wesen die Bereitschaft fördere, diesem Gott den Menschen zu opfern)
- Einwand: **Brot nicht als Projektion des Hungers** zu verstehen, nur weil die Projektion dem Bedürfnis nach Sättigung entspreche

Karl Marx (1818–1883)

- **sozialer** Atheismus
- Wesen der Religion:
  - „Seufzer der bedrängten Kreatur", d. h., Religion und die damit verbundene Hoffnung als Ausdruck des Protests gegen das schlechte Diesseits; **Gott als Zufluchtsort angesichts der vielfältigen Missstände in der Welt** (vs. Feuerbach: Gott als Projektion der Wünsche und guten Eigenschaften des Menschen)
  - „Opium des Volkes", da die illusorische Jenseitshoffnung verhindere, dass der Protest zur Veränderung des Diesseits führt; religiöse Vorstellungen als **ideologischer Überbau der konkreten**

gesellschaftlichen Verhältnisse und insofern Symptom (vs. Feuerbach: Religion als Ursache des Übels)

- Ziel der Kritik: **Veränderung der Welt**, notfalls durch die Waffe (vgl. die militante Religionskritik in vielen kommunistischen Staaten, z. B. durch Unterdrückung der Religionsausübung)

- Einwand: **Veränderung der gesellschaftlichen Verhältnisse** zugunsten von Randgruppen als integraler **Bestandteil des christlichen Auftrags** (vgl. Wirken Jesu sowie von Prophetinnen und Propheten)

Friedrich Nietzsche (1844–1900)

- **nihilistischer** Atheismus

- Wesen der Religion: **Lebensverneinung** (im Sinne der Unterdrückung der Lebenstüchtigen); Entstehung der Religion bzw. des Glaubens an Gott durch Schwache, um sich zu trösten (vgl. Jenseitshoffnung), und Starke, um zu unterdrücken (Sklavenmoral des Mitleids)

- Ziel der Kritik: Ermöglichung der **Freiheit des Übermenschen**, sich im Zuge des Nihilismus immer wieder neu zu entwerfen

- Einwand: **spekulativer Ansatz** der Kritik

Sigmund Freud (1856–1939)

- **psychoanalytischer** Atheismus

- Wesen der Religion: **infantile Form der Schuldbewältigung**; Gott als ersehnter Elternersatz und Illusion der Bedürfnisse nach Schutz bzw. Geborgenheit; Religionsausübung als **Zwangsneurose** (durch einen Konflikt verursachte psychische Störung), die dem menschlichen Bedürfnis nach Schutz entspreche

- Ziel der Kritik: Überwindung von Religion und damit **Beseitigung eines neurotischen Zustands** (Angst, Schuldgefühle, Selbstentfremdung)

- Einwand: **pathologische Fehlform** von Religion wird **generalisiert** und zum Wesen der Religion an sich erhoben

Jean-Paul Sartre (1905–1980)

- **existenzialistischer** Atheismus
- Wesen der Religion: Gottesglaube als **Flucht vor der Wahrheit, zur Freiheit verurteilt zu sein**; Gott als Begrenzung der Freiheit
- Ziel der Kritik: Selbstverwirklichung des **Menschen als freies und verantwortliches Wesen** („Die Existenz geht der Essenz voraus.")
- Einwand: Idee von der **Erschaffung des Menschen als freies und verantwortliches Wesen** zentral für das christliche Menschenbild

Theologische Rückfragen

Die funktionalistische Religionskritik von Feuerbach, Marx, Nietzsche, Freud und Sartre erfolgt auf atheistischer Basis, d. h.: Es wird von der Nicht-Existenz Gottes ausgegangen. Im Blick auf diese unbewiesene Voraussetzung sind Feuerbach, Marx, Nietzsche, Freud und Sartre **grundsätzlich angreifbar**.

Darüber hinaus sind bei der theologischen Rückfrage folgende Stoßrichtungen der funktionalistischen Religionskritik besonders zu berücksichtigen:

- der Versuch einer Erklärung für die Entstehung von Religion (**genetisches Motiv**) und
- der Vorwurf der Selbstentfremdung, wonach Religion nicht nur falsch, sondern auch schädlich sei (**funktionsanalytisches Motiv**).

	theologische Auseinandersetzung mit der funktionalistischen Religionskritik
im Blick auf das genetische Motiv	Erklärung der Entstehung des Gottesglaubens durch den einen oder anderen Mechanismus nicht ausschlaggebend für die Wahrheit oder Falschheit des Glaubens
im Blick auf das funktionsanalytische Motiv	• Vorwurf der Selbstentfremdung nur gerechtfertigt unter der Bedingung der zweifelsfreien Nicht-Existenz Gottes • zahlreiche Beispiele in den Religionen für humanistisches Engagement (vs. Feuerbach), emanzipatorische Impulse gegen das Leid in der Welt (vs. Marx), eine Akzeptanz der Werte des biologischen Lebens (vs. Nietzsche), illusionslose Wahrheitssuche (vs. Freud) und die Bewahrung der menschlichen Freiheit im Namen des Glaubens (vs. Sartre)

Die Leistung der funktionalistischen Religionskritik besteht in der **Sensibilisierung für die Funktionen und Auswirkungen von Weltanschauungen**. Dem kommt angesichts der religiös-weltanschaulichen Vielfalt im Zuge der Pluralisierung unserer Gesellschaft große Bedeutung zu.

2.4 Die offene Frage der Theodizee

Beschreibung des Problems

Das Problem der Theodizee besteht in der **rationalen Rechtfertigung des Glaubens an die Existenz eines allmächtigen und gütigen Gottes angesichts von Übel und Leid**. Denn ein allmächtiger Gott kann das Leid seiner Geschöpfe verhindern und ein gütiger Gott will dies auch. Gäbe es somit einen gütigen und allmächtigen Gott, dann dürfte es kein Leid auf dieser Welt geben. Da es aber Leid gibt, existiert offensichtlich ein solcher Gott nicht.

Gott ist allmächtig.	→	Gott kann Leid verhindern.
Gott ist gütig.	→	Gott will Leid verhindern.
	⇩	
Es gibt Leid in der Welt.	⇄	Es gibt kein Leid in der Welt.

Theologischer Umgang mit dem Theodizeeproblem

- Umdeutung zu einer Frage des konkreten **praktischen Umgangs** mit dem Leid ↔ Einwand: nicht notwendige Vermischung beider Fragen (theoretischer und praktischer Ansatz)

- Aufhebung des Widerspruchs durch **Preisgabe der göttlichen Attribute** Allmacht oder Güte ↔ Einwand: unzulässige Modifikation des Gottesbegriffs

- gläubiger **Verzicht auf eine Lösung** ↔ Einwand: Aufgabe der Rationalität des Glaubens an Gott

- Lösung des Widerspruchs durch **Einführung von Zusatzannah-
men**, z. B. im Sinne von Gottfried Wilhelm Leibniz (1646–1716),
wonach die Welt – so wie sie ist – „die beste aller möglichen Welten" ist ↔ Einwand: bessere Welt vorstellbar
Modifikation der Zusatzannahme: die Welt – so wie sie ist – als „die
beste aller im Hinblick auf die Verwirklichung bestimmter Werte
und Ziele möglichen Welten"
- *free-will-defence* (Verteidigung mithilfe der Willensfreiheit)
  - traditionell: Erschaffung einer leidfreien Welt mit freien Wesen
    → Sündenfall → Leid in der Welt ↔ Einwände: Leid Unschul-
    diger, Schöpfungsgeschichte als Mythos
  - modern: Erschaffung einer leidfreien Welt mit freien Wesen, wo-
    bei gilt: Echte, sittlich relevante Willensfreiheit schließt mit logi-
    scher Notwendigkeit die Möglichkeit moralischer Übel ein.

Gott ist allmächtig.	→	Gott kann Leid verhindern, …
		aber nur im Rahmen des logisch Möglichen.
Gott ist gütig.	→	Gott will Leid verhindern, …
		aber auch Willensfreiheit garantieren.
	⇩	
Es gibt Leid in der Welt.	→	Es gibt Leid in der Welt, …
		jenes Leid, das wegen der Willensfreiheit logisch unvermeidlich ist.

(Leicht verändert nach Armin Kreiner, Gott und das Leid, Paderborn 1994, S. 144)

- *soul-making-theodicy* (Theodizee der Seelenbildung als Antwort
auf folgende mit der *free-will-defence* verbundene Rückfrage: Wiegt
der Wert sittlich relevanter Freiheit den Preis der damit verknüpften
Übel auf?)
  - Mensch als Bild Gottes *(imago dei)* erschaffen, nicht gottähnlich
    (similitudo dei); daher Potenzial zur Vervollkommnung gegeben
  - Ziel der Schöpfung bestehe darin, eine Welt zu erschaffen, in der
    der Mensch zu Gottähnlichkeit heranreifen könne (vs. Erschaf-
    fung mit einer vollendeten Persönlichkeit)

3 Argumente für den Glauben an Gott

Trotz der von den Religionskritikern geäußerten Einwände gegen den Glauben an Gott und trotz der offenen Frage der Theodizee glauben nach wie vor viele Menschen an ein höheres Wesen. Um anderen die **Gründe für die eigene Glaubensentscheidung** einsichtig zu machen und eine **Verständigung** in dieser Frage zu ermöglichen, ist es geboten, **mittels der Vernunft** Argumente für den Glauben an Gott aufzuzeigen.

3.1 Was ist ein logischer Beweis?

Unter einem Argument der Form des aristotelischen **Syllogismus** versteht man den wahrheitsrelevanten Schluss von Prämissen (Ober- und Untersätzen) auf eine Konklusion (Schlussfolgerung, die sich aus Ober- und Untersatz ergibt).

Syllogismus	gültiges Argument	ungültiges Argument
Prämisse 1	Sokrates ist ein Mensch.	Sokrates ist sterblich.
Prämisse 2	Alle Menschen sind sterblich.	Alle Menschen sind sterblich.
Konklusion	Sokrates ist sterblich.	Sokrates ist ein Mensch.

Die Konklusion ist genau **dann wahr, wenn …**
(1) alle Prämissen wahr sind *und*
(2) die Folgerung formal korrekt ist.

Einen Beweis **kritisiert** man demnach, indem man aufzeigt, dass …
(1) mindestens eine Prämisse falsch ist *oder*
(2) die Folgerung formal inkorrekt ist.

3.2 Das ontologische Argument

Das ontologische Argument besteht in dem **Versuch, die Existenz Gottes aus dem Begriff Gottes abzuleiten**. Eine besonders berühmte Variante dieses Arguments bietet der mittelalterliche Theologe **Anselm von Canterbury** (1033–1109) in seiner Schrift „Proslogion". Dort definiert er Gott als dasjenige, „über das nichts Größeres gedacht werden kann". Aus dieser Definition leitet er die Existenz Gottes ab, indem er Existenz als eine mit Vollkommenheit notwendigerweise einhergehende Eigenschaft bestimmt:

Prämisse 1	Gott ist ein maximal vollkommenes Wesen.
Prämisse 2	Vollkommenheit schließt Existenz mit ein.
Konklusion	Gott existiert.
Gottesbeweis des Anselm von Canterbury	

Kritik am ontologischen Argument entzündet sich an Prämisse 2. So wendet Immanuel Kant (1724–1804) ein, dass die Existenz einer Sache niemals Teil der Definition dieser Sache sein könne. Denn bei der Existenzbehauptung gehe es darum, ob das so oder so Definierte existiert oder nicht. Und selbst wenn man Existenz als Teil der Definition zulässt, lässt sich fragen: Existiert ein solches Wesen wirklich?

3.3 Das kosmologische Argument

Das kosmologische Argument besteht im **Versuch, die Existenz Gottes als notwendigen Grund für die Existenz der Welt zu erweisen.** Drei verschiedene Versionen des kosmologischen Arguments bietet **Thomas von Aquin** (1225–1274) mit den ersten drei Wegen seiner insgesamt fünf Wege *(quinque viae),* die er in seiner Schrift „Summa Theologica" ausführt:

(1) Erster Weg: Argument aus der Bewegung bzw. Veränderung (bzw. kinesiologischer Beweis)

(2) Zweiter Weg: Argument aus der Wirkursache (bzw. Kausalitätsbeweis)

(3) Dritter Weg: Argument aus der Möglichkeit (bzw. Kontingenzbeweis)

(4) Vierter Weg: Argument aus den Wertunterschieden

(5) Fünfter Weg: Argument aus der Geordnetheit der Dinge

Thomas geht jeweils von der Schöpfung aus und kommt mithilfe des Syllogismus zu folgenden Varianten des kosmologischen Arguments:

	erster Weg	zweiter Weg	dritter Weg
Prämisse 1	In der Welt finden wir überall Bewegung.	In der Welt gibt es Ursachen, Wirkungen und Kausalzusammenhänge.	Alles entsteht und vergeht, ist also nicht notwendig, sondern kontingent.
Prämisse 2	Alles, was bewegt wird, setzt einen Beweger voraus.	Jede Wirkung setzt eine Wirkursache voraus.	Alles, was nicht notwendig ist, kann sich das Sein nicht selbst geben, sondern muss es von einem anderen Sein her haben.
Prämisse 3	Es muss einen unbewegten Beweger geben. Das ist es, was alle Gott nennen.	Es muss eine zeitlich erste Wirkursache geben, die selbst unverursacht ist. Das ist es, was alle Gott nennen.	Es muss ein an sich notwendiges Sein geben als Ursache des nicht notwendig Seienden. Das ist es, was alle Gott nennen.
Konklusion	Gott existiert.	Gott existiert.	Gott existiert.

kosmologische Argumente bei Thomas von Aquin

Die letzten beiden Wege unterscheiden sich insofern von den ersten drei Wegen, als es sich beim fünften Weg um eine Form des teleologischen Arguments (vgl. dazu 3.4, S. 40 f.) handelt und der vierte Weg dem ontologischen Argument (vgl. dazu 3.2, S. 37 f.) ähnelt.

Trotz des jeweils unterschiedlichen Ausgangspunktes haben alle Varianten des kosmologischen Arguments bei Thomas von Aquin **formal eine gemeinsame Struktur:** Sie schließen vom verursachten Sein der Weltdinge auf einen ersten Grund *(prima causa)*.

Prämisse 1	Die Welt existiert.
Prämisse 2	Alles muss notwendigerweise einen zureichenden Grund haben.
Prämisse 3	Es gibt etwas (nämlich Gott), für das kein zureichender Grund notwendig ist.
Konklusion	Gott existiert.

Grundstruktur des kosmologischen Arguments in all seinen Varianten

Daraus ergeben sich **zwei grundsätzliche Einwände** gegen das kosmologische Argument im Blick auf:

- Prämisse 2 bzw. den Satz vom zureichenden Grund: Es gibt **keine zwingende Begründung für diese Annahme**. Ein Zufall als atheistische Erklärung für die Welt bleibt daher denkbar.
- Prämisse 3 bzw. die Annahme, dass Gottes Existenz keines Grundes bedürfe: Warum sollte **erst für das Dasein Gottes** und nicht schon für die Existenz der Welt gelten, **dass kein zureichender Grund mehr erforderlich** ist?

Mit anderen Worten: Das kosmologische Argument setzt das ontologische Argument (vgl. Prämisse 2) logisch voraus, sodass die Kritik daran auch die Überzeugungskraft des kosmologischen Arguments schwächt.

3.4 Das teleologische Argument

Das teleologische Argument besteht im **Versuch, von der Ordnung innerhalb des Universums auf einen schöpferischen Konstrukteur als Urheber der Ordnung zu schließen**. Ein berühmtes Beispiel stellt der fünfte Weg des Thomas von Aquin dar.

Prämisse 1	In der Welt finden wir eine gewisse Ordnung.
Prämisse 2	Ordnung setzt einen Ordner voraus.
Konklusion	Gott existiert.
	teleologischer Gottesbeweis nach Thomas von Aquin

Eine treffende Analogie zum teleologischen Argument formulierte der englische Philosoph und Theologe **William Paley** (1743–1805) mit seinem **Uhrengleichnis** in seiner „Natural Theology" (1802). Demnach sei der Rückschluss von der Schöpfung auf einen Schöpfer ebenso zulässig wie der Schluss von einer Uhr auf einen Uhrmacher als Urheber. Denn ähnliche Wirkungen haben ähnliche Ursachen.

Bis weit ins 19. Jahrhundert war das teleologische Argument das stärkste Argument für die Existenz Gottes. Denn bis dahin schien ein planloses, absichtsloses Geschehen wie der Zufall ausgeschlossen als Ursache für etwas derart Komplexes wie das Universum. Diese Einschätzung änderte sich schlagartig durch die Forschungsergebnisse von **Charles Darwin** (1809–1882) und seine **Evolutionstheorie:** Seine These von der natürlichen Auslese (Selektion) widersprach der Annahme eines göttlichen Plans und bot zumindest für den Bereich der Biologie eine naturwissenschaftliche Erklärung.

Allerdings gab es schon zuvor philosophische Kritik am teleologischen Argument, ausgehend von **David Hume** (1711–1776). Er wendete u. a. ein, dass die Wirkung eines *endlichen* Universums **nicht den Schluss auf einen** *unendlichen* **Schöpfer** als Ursache zulasse. Demnach biete das teleologische Argument keinen Gottesbeweis.

3.5 Das moralische Argument

Das moralische Argument besteht im **Versuch, aus der Existenz moralischer Empfindungen die Existenz Gottes abzuleiten.** Auch das moralische Argument für die Existenz Gottes liegt in verschiedenen Varianten vor:

Prämisse 1	Es gibt moralische Verpflichtungen (z. B. das moralische Gesetz „Du sollst nicht stehlen").
Prämisse 2	Es bedarf eines moralischen Gesetzgebers.
Konklusion	Gott existiert.
	Gott als moralischer Gesetzgeber

Mit anderen Worten: Jedes Gesetz verlangt nach einem Gesetzgeber. Ohne Gott gäbe es zwar von Menschen konstruiertes Recht, aber kein unveränderliches ethisches Moralgesetz.

Die **Kritik an dieser Variante des moralischen Arguments** entzündet sich an Prämisse 2:

- So verweist die Stimme des Gewissens nicht zwangsläufig auf Gott als moralischen Gesetzgeber. Unser moralisches Empfinden lässt sich auch als Ergebnis unserer **Sozialisation** verstehen. D. h.: Im Laufe der Erziehung haben wir moralische Gebote verinnerlicht.

- Und wenn tatsächlich der Wille Gottes festsetzt, was gut und was schlecht ist, so stellt sich das sogenannte **Eutyphron-Problem** (benannt nach dem fiktiven Dialog zwischen Sokrates und seinem frommen Mitbürger Eutyphron):
  - **Ist das Gute gut, weil Gott es will?** Dann hätte Gott auch andere moralische Gesetze erlassen können. Dies hätte zur Folge, dass die gesamte Ethik willkürlich wäre. Das widerspricht unserer ethischen Grundintuition, wonach bestimmtes Handeln an sich gut ist.
  - **Will Gott das Gute, weil es gut ist?** Unter dieser Voraussetzung bricht der Gottesbeweis in sich zusammen, denn dann wären Handlungen schon vor der göttlichen Verfügung gut bzw. böse.

Räumen wir ein, dass die Qualität einer Handlung nicht vom Willen Gottes als Gesetzgeber abhängt, dann stellt sich dennoch die Frage: Warum sollen wir das sittlich Richtige tun? Dies ist der Ausgangspunkt für die zweite Variante des moralischen Arguments:

Prämisse 1	Das moralisch Richtige ist nicht immer in einem praktischen Sinn vernünftig (z. B. die Rückgabe von zu viel erhaltenem Wechselgeld).
Prämisse 2	Es bedarf eines Garanten ausgleichender Gerechtigkeit als Grund dafür, sittlich zu handeln.
Konklusion	Gott existiert.
Gott als sittlicher Verpflichtungsgrund	

Auch die Kritik an dieser Version des moralischen Arguments betrifft Prämisse 2: Dort wird implizit vorausgesetzt, dass die Angst vor göttlicher Bestrafung bzw. der Wunsch nach jenseitiger Belohnung die entscheidende Motivation für sittliches Handeln ist.

- Wer eine Handlung aufgrund der damit verbundenen Vor- bzw. Nachteile vollzieht, handelt zwar **klug, aber nicht sittlich** (gut oder schlecht).

- Durch den Bezug auf das Jenseits (Gott als Instanz, die belohnt bzw. bestraft) erweist sich außerdem das ganze Argument als **zirkulär**, d. h.: Es wird etwas vorausgesetzt, was erst begründet werden muss. Insofern liegt kein stichhaltiger Beweis für die Existenz Gottes vor.

3.6 Neuinterpretation der traditionellen Gottesbeweise

Keines der genannten Argumente kann die Existenz Gottes zweifelsfrei erweisen. Dennoch bleiben sie wertvoll für die christliche Theologie:

- Sie tragen zur **Reflexion und Präzisierung des christlichen Glaubens an Gott** bei.

- Sie betonen als Gottesaufweise die **Rationalität des Glaubens** an Gott, da sie die Existenz Gottes als vernünftige bzw. denkbare Alternative zur atheistischen Weltsicht erscheinen lassen.

- Sie zeigen die **Grenzen menschlicher Gotteserkenntnis** und die **Unbegreiflichkeit Gottes** auf. Und so gelten die Worte des Thomas von Aquin noch heute:

Es ist für den geschaffenen Intellekt unmöglich, Gott zu begreifen, aber gleichwohl eine große Seligkeit, mit dem Verstand an Gott zu rühren.
(Summa Theologica I 12,7)

Jesus Christus

1 Umwelt des historischen Jesus

1.1 Die sozialpolitische Lage zur Zeit Jesu

Zur Zeit der Geburt Jesu war **Augustus** (63 v. Chr. – 14 n. Chr.) Kaiser des Römischen Reichs (31 v. Chr. – 14 n. Chr.). So berichtet der Evangelist Lukas:

> *Es geschah aber in jenen Tagen, dass Kaiser Augustus den Befehl erließ, den ganzen Erdkreis in Steuerlisten einzutragen.* *(Lk 2,1)*

Jesus lebte mit seiner Familie im Gebiet von Galiläa, wo er nördlich von Jerusalem in dem kleinen Dorf Nazaret nahe dem See Gennesaret aufwuchs.

Galiläa gehörte zu Palästina, das seit 63 v. Chr. in die römische Provinz Syria eingegliedert und damit Teil des **Imperium Romanum** war. In Palästina regierte **Herodes der Große** (73–4 v. Chr.; zum König ernannt 37 v. Chr.) als jüdischer König von Roms Gnaden. Unter seiner Herrschaft erlangte das Land 40 v. Chr. zwar einen Teil seiner Selbstständigkeit zurück, aber politisch blieb der jüdische König als Verbündeter Roms weiterhin von Rom abhängig.

Nach dem Tod von Herodes im Jahr 4 v. Chr. wurde Palästina zunächst unter seinen Söhnen aufgeteilt. Doch schon einige Jahre später kam der Süden Palästinas (Samaria, Judäa und Idumäa) direkt unter römische Verwaltung und unterstand einem Statthalter. Ein **Statthalter** ist ursprünglich ein Verwalter für eine bestimmte Region, der stellvertretend für einen Vorgesetzten (z. B. Kaiser) Verwaltungsaufgaben in seinem Verwaltungsbezirk übernimmt. **Pontius Pilatus** war in den Jahren 26–36 n. Chr. Statthalter des römischen Kaisers Tiberius in der Provinz Judäa.

Trotzdem konnten sich die Juden in einem beschränkten Rahmen weiter selbst verwalten und genossen das Privileg, den römischen Herrscherkult nicht ausüben zu müssen. Lediglich ein Opfer für den Kaiser mussten Juden darbringen. An der Spitze der jüdischen Selbstverwaltung in Judäa stand der **Hohepriester**. Er vertrat das Volk gegenüber dem Statthalter. Außerdem führte er die Aufsicht über den Tempelkult und leitete den **Hohen Rat** (Synhedrium).

Verwaltung der römischen Provinz Palästina	
politisch: • romtreue Könige (z. B. Herodes) • später Statthalter (z. B. Pontius Pilatus)	religiös: • Hohepriester • Hoher Rat (Synhedrium bestehend aus dem Hohepriester an der Spitze sowie den Ältesten und Schriftgelehrten)

Viele Juden Palästinas widersetzten sich der römischen Besatzungsmacht. Die Unruhen eskalierten schließlich im **römisch-jüdischen Krieg (66–73 n. Chr.)** mit der Eroberung Jerusalems (70 n. Chr.) und der Zerstörung des Jerusalemer Tempels unter dem Heerführer Titus.

1.2 Das religiöse Umfeld Jesu

Nach der Darstellung des Markusevangeliums kommt es kurz nach dem ersten öffentlichen Auftreten Jesu zu einer Reihe von Streitgesprächen (vgl. Mk 2,1–3,6). Im Zentrum der Auseinandersetzungen stehen Jesu Verhältnis zu den Sündern und sein Sabbatverständnis bzw. seine Tora-Auslegung, die in einen ersten Todesbeschluss münden.

Als Jesu Gegner treten gemäß der Darstellung in den Evangelien auch im weiteren Verlauf seines Wirkens immer wieder Schriftgelehrte bzw. **Pharisäer** auf. Die meisten ihrer Anhänger kamen wie Jesus aus der Mittelschicht. Sie waren **Bauern, Kaufleute oder Handwerker** und **lebten streng nach der Tora**. Entstanden ist diese religiös-politische Gruppe innerhalb des Judentums im 2. Jh. v. Chr. als **Opposition gegen die griechische Fremdherrschaft** (vgl. 1 Makk 2,42) und die immer stärkere Ausrichtung der Lebensweise auf die griechisch-antike Kultur (Hellenisierung). Was die jüdische Identität infrage stellte, stieß bei Pharisäern auf Vorbehalte. So ist es plausibel, dass Jesu Reich-Gottes-Botschaft und seine Mahlgemeinschaft mit Sündern bei Pharisäern Anstoß erregten. Ansonsten weist die Verkündigung Jesu zu pharisäischen Lehren eine größere Nähe auf als zu anderen religiösen Gruppen innerhalb des Judentums. Dass die Evangelien dies anders darstellen, ist darauf zurückzuführen, dass diese Schriften nach dem römisch-jüdischen Krieg (66–73 n. Chr.) entstanden und die Pharisäer als einzige jüdische Gruppe die Katastrophe von 70 n. Chr. überlebte.

198 v. Chr.	Herrschaft der Seleukiden (Seleukiden: griech. Herrschergeschlecht)
167 v. Chr.	Makkabäeraufstand und Hasmonäerstaat (Makkabäer: Gruppe jüdischer Aufständischer gegen die Herrschaft der Seleukiden; Hasmonäer: jüdisches Herrschergeschlecht)
63 v. Chr.	römische Besatzung
70 n. Chr.	Zerstörung des Jerusalemer Tempels
	Herrschaftswechsel

Auch die Gruppe der **Essener** bildet sich im Zuge der Opposition gegen Hellenisierungstendenzen heraus. Ihre Anhänger waren **hochgebildete Mitglieder des Priesteradels**. Sie bemühten sich um ein Leben in Heiligkeit gemäß den Weisungen der Tora, die sie weitaus rigoroser auslegten als die Pharisäer. Das **Zentrum der Essener lag in Qumran** am Toten Meer, wo sich viele Essener nach dem Bruch mit dem Jerusalemer Tempel (infolge der Auseinandersetzungen mit dem Hasmonäer Jonatan um das Hohepriesteramt, das dieser für sich beanspruchte, das von Rechts wegen aber einem Zadokiden, einem Vertreter des Priesteradels, zustand) angesiedelt hatten. Dort lebten sie **asketisch und nach strengen Reinheitsregeln** in Erwartung des baldigen Gerichts Gottes über die Menschen. Während die Lehren der Essener in den Schriftrollen vom Toten Meer die Zeiten überdauerten, ging die Gemeinschaft selbst im römisch-jüdischen Krieg unter.

Wie die Essener stammen auch die **Sadduzäer** aus dem **Priesteradel** der Zadokiden. Anders als die Essener duldeten Saduzzäer illegitime Hohepriester aus anderen Sippen, solange der **Tempelkult** selbst davon unberührt blieb. Von den Pharisäern unterscheiden sie sich u. a. durch ihre Ablehnung einer mündlichen Tradition der Tora. Sadduzäer anerkannten **allein die fünf Bücher Mose** als Heilige Schrift. Außerdem **lehnten sie den Glauben an eine Auferstehung der Toten strikt ab** (vgl. Mk 12,18). Im Mittelpunkt der sadduzäischen Frömmigkeit stand der Tempel, was angesichts der Tempelkritik Jesu den Widerstand der Sadduzäer gegen Jesus erklärt. Ihre Anhänger stammten aus der Jerusalemer Oberschicht und verstanden sich darauf, sich **mit den jeweils herrschenden politischen Verhältnissen zu arrangieren** – sei es unter den Hasmonäern oder den Römern. Mit Zerstörung des Tempels verliert die Partei der Sadduzäer ihr geistiges Zentrum und zerfällt.

Die **Zeloten** entstehen im Verlauf der römischen Besatzung durch Abspaltung von den Pharisäern. Ihre Anhänger bildeten eine **gewaltbereite Widerstandsbewegung** gegen die Fremdherrschaft der Römer. Sie stammten v. a. aus der **verarmten Landbevölkerung**, die unter den von der römischen Besatzungsmacht erhobenen Steuern besonders litt. Die Zeloten waren der festen religiösen Überzeugung, Gott habe Israel das Heilige Land zur Nutzung überlassen. Sie richteten ihre Hoffnung auf das **Kommen eines politischen Messias**, der der römischen Herrschaft ein Ende setzen würde. Daran wollten sich die Zeloten aktiv beteiligen und so waren sie es, die den **Aufstand gegen Rom** anführten. Doch sie wurden von Rom vernichtend geschlagen.

Pharisäer	Gemeinsamkeiten	Essener
• Mittelschicht: Bauern, Kaufleute, Handwerker • strenge Einhaltung religiöser Vorschriften der Tora • Betonung der jüdischen Identität in Abgrenzung zur griech.-antiken Kultur	• Anerkennung der fünf Bücher Mose als Offenbarungsschrift • Glaube an Gott und seinen Bund mit dem Volk Israel • Messias-Erwartung	• Oberschicht: Priesteradel • rigorose Auslegung der Tora und penible Beachtung von Reinheitsgeboten • Bruch mit dem Jerusalemer Tempel • asketisches Leben am Toten Meer
Saduzzäer		**Zeloten**
• Oberschicht: Priesteradel • Ausrichtung auf den Tempelkult • Ablehnung des Auferstehungsglaubens sowie einer mündlichen Tradition der Tora • Zusammenarbeit mit Fremdherrschern		• Unterschicht: verarmte Landbevölkerung • Bereitschaft zu Gewalt gegen Besatzer • Glaube an ein Anrecht des jüdischen Volkes auf das Land Palästina • Hoffnung auf einen politischen Messias

2 Das Wirken Jesu

2.1 Jesus als Bote der Gottesherrschaft

Im **Zentrum der Verkündigung Jesu** steht die Botschaft vom Reich Gottes (auch: Basileia-Botschaft; vgl. griech. *basileía tou theou:* Königsherrschaft Gottes). Sie zieht sich wie ein roter Faden durch das Wirken Jesu – sei es in seinen Worten (z. B. Gleichnisse, Bergpredigt) oder Wundertaten.

Den alttestamentlich-jüdischen Hintergrund bildet die **Rede vom Königtum Jahwes**, die ab dem 4. Jahrhundert v. Chr. zunehmend apokalyptische Züge annimmt, d. h.: Die Erwartung der Gottesherrschaft verschiebt sich auf die Endzeit. Jesus steht insofern in dieser Tradition, als er mit der Sündenvergebung ein typisches Kennzeichen der Endzeit (vgl. Jer 31,31–34) ins Zentrum seiner Basileia-Botschaft rückt. Diese weist folgende Charakteristika auf:

- **Vergebungsbotschaft**, d. h.: Jesus verkündet den Anbruch des Reiches Gottes als bedingungslose, heilvolle Zuwendung Gottes zu den Menschen – auch den Sündern.

- **Zuspruch als Anspruch**, d. h.: Aus der Heilszusage im Indikativ (Zuspruch) folgt als Konsequenz der Imperativ der Umkehrforderung (Anspruch). Die Grundstruktur der Basileia-Botschaft Jesu lässt sich auf die Formel „Indikativ vor Imperativ" bringen (vgl. Mt 18,23–35).

- **Heil *und* Gericht**, d. h.: Jesu Basileia-Botschaft schließt den Gerichtsgedanken nicht aus, sondern berücksichtigt mit dem Gericht die Möglichkeit, das göttliche Heilsangebot durch Weigerung zur Umkehr auszuschlagen und damit die Rettung durch Gott zu verwirken (vgl. Mt 18,23–35). Insgesamt ergehen die Gerichtsworte als Mahnung, nicht als Drohung.

- **Spannung zwischen „schon" und „noch nicht"**, d. h.: Das Reich Gottes ist schon angebrochen (vgl. Lk 11,20), aber noch nicht vollendet (vgl. Lk 11,2).

Die Besonderheit der Botschaft Jesu zeigt sich beim **Vergleich mit zeitgenössischen Vorstellungen**, z. B. den Lehren von Johannes dem Täufer:

- Ausgehend von der Erwartung, das Ende stehe unmittelbar bevor (akute Naherwartung, vgl. Mt 3,2), mahnt Johannes zu Umkehr und Taufe, was sich bei ihm mit einer Gerichtsandrohung (vgl. Mt 3,10) verbindet.

- Jesus dagegen verkündet die Gegenwart der Gottesherrschaft als bedingungslose Heilstat Gottes, aus deren Indikativ der Imperativ der Umkehr folgt. Dabei gibt es eine Spannung zwischen der Heilszusage („schon da") und der erwarteten Vollendung des Heils („noch nicht"), die man als **eschatologischen Vorbehalt** (zwischen der bereits angebrochenen und erst zukünftig vollendeten Gottesherrschaft) bezeichnet.

	Johannes der Täufer	Jesus
Botschaft	Androhung des Zorngerichts Gottes	Zuspruch der Vergebung durch Gott
Umkehr	Bedingung für die Annahme durch Gott	Konsequenz aus der Annahme durch Gott
Heil und Gericht	Gericht im Vordergrund	Heil im Mittelpunkt
zeitliche Dimension	akute Naherwartung	eschatologischer Vorbehalt

2.2 Jesus als Weisheitslehrer und Prediger

Die Gleichnisse Jesu

Das Reich Gottes ist Inhalt vieler **Gleichnisse**, z. B. das „Gleichnis von den Arbeitern im Weinberg" (vgl. Mt 20,1–16). Dabei handelt es sich um Erzähltexte, bei denen das Bildmaterial (**Bildebene**) auf eine Sachaussage (**Sachebene**) verweist.

„Das Gleichnis von den Arbeitern im Weinberg" in der Gleichnisauslegung (vgl. Mt 20,1–16)

Bildebene	Sachebene
• Ein Weinbergbesitzer zieht mehrmals am Tag aus, um Arbeiter anzuwerben. • Eine Lohnvereinbarung wird nur bei der 1. Runde getroffen, während den Arbeitern der 3., 6., 9. und 11. Stunde ein gerechter Lohn zugesagt wird. • Die Arbeiter der 1. Stunde protestieren bei der Lohnauszahlung, da ihr Lohn im Verhältnis zu dem der anderen nicht proportional zum Arbeitsumfang ausfällt. Sie empfinden den gleichen Lohn für ungleiche Arbeit als ungerecht. • **Pointe:** Der Gutsbesitzer erweist sich durch seine Güte nicht als ungerecht gegenüber den Arbeitern der 1. Stunde, da sie den vereinbarten Lohn erhalten.	• Gesetzesfromme, die gegen Jesu Verkündigung des zuvorkommend gütigen Gottes Einspruch erheben, sind primäre Adressaten. Sie bezweifeln, dass ein den Sündern zugewandter Gott gegenüber den Frommen gerecht ist. • **Pointe:** Die Güte Gottes den Sündern gegenüber bringt den Frommen keinen Nachteil.

Die Bergpredigt

Auch in der **Bergpredigt** (vgl. Mt 5–7) stellt Jesus seine Botschaft vom Reich Gottes in den Mittelpunkt. Dabei handelt es sich um eine Zusammenstellung von Jesusworten, die thematisch gegliedert wurde und so die Form einer Rede gewonnen hat:

- **Einleitung** (vgl. Mt 5,1–16): Situationsangabe, Verheißungen und Zusprüche
- **Erster Hauptteil** (vgl. Mt 5,17–48): Jesu Bekenntnis zur Gültigkeit des Gesetzes und dessen Radikalisierung im Rahmen der Antithesen
- **Zweiter Hauptteil** (vgl. Mt 6,1–7,12): ethische Einzelweisungen (z. B. zum Almosengeben, Beten und Fasten)
- Mahnung zur Umkehr und **Abschluss** (vgl. Mt 7,13–29)

Jesus – ein neuer Mose? Die Situationsangabe der Bergpredigt erinnert an Mose, der nach Ex 19,3 ff. auf den Berg Sinai stieg. Daraus wurde geschlossen, dass Jesus im Rahmen der Bergpredigt als neuer Mose auftrete. Gegen diese Parallelisierung wird eingewandt, dass

Jesus Mose überbiete: Während Mose die Gesetzestafeln empfängt, lehrt Jesus in der Vollmacht als **Gottessohn**. Das Bergmotiv ist das Signal für die sich ereignende Gottesoffenbarung.

Dass die Bergpredigt im Horizont des Gottesreiches steht, wird besonders deutlich in den **Antithesen** (vgl. Mt 5,21–48). Mit diesen Gegensatzsprüchen macht Jesus deutlich, welche Konsequenzen für die Menschen aus dem Anbruch der Gottesherrschaft erwachsen, z. B. im Blick auf Konflikte mit Mitmenschen:

> *21 Ihr habt gehört, dass zu den Alten gesagt worden ist: Du sollst nicht töten; wer aber jemanden tötet, soll dem Gericht verfallen sein. 22 Ich aber sage euch: Jeder, der seinem Bruder auch nur zürnt, soll dem Gericht verfallen sein; und wer zu seinem Bruder sagt: Du Dummkopf!, soll dem Spruch des Hohen Rates verfallen sein; wer aber zu ihm sagt: Du Narr!, soll dem Feuer der Hölle verfallen sein.* (Mt 5,21 f.)

Aufhebung des Mosegesetzes? Während der Begriff „Antithese" nahelegt, Jesus habe die Tora aufgehoben und durch ein neues Ethos ersetzt, zeigt sich beispielsweise bei genauerer Betrachtung der Antithese „Vom Töten", dass Jesus das fünfte Gebot (vgl. Ex 20,13; Dtn 5,17) weder aufhebt noch relativiert. Vielmehr erfolgt eine **Radikalisierung**, und zwar im Sinne einer

- **Verschärfung**, d. h.: Man kann sich nicht mehr unter Verweis auf die Gesetzeserfüllung aus der Verantwortung für das Wohl des Nächsten stehlen. So bezieht Jesus das fünfte Gebot bereits auf Zorn – und nicht erst auf den Verstoß gegen das Dekaloggebot durch die böse Tat.
- **Verinnerlichung**, d. h.: Auch die innere Haltung zählt, nicht allein das Handeln.

Anspruch der Ethik Jesu: Sei es die Verurteilung des Zorns, der Verzicht auf Gegengewalt oder der Aufruf zur Feindesliebe – die Radikalität der Bergpredigt fordert heraus und hat in der Vergangenheit zu unterschiedlichen Erklärungen bzw. Deutungen geführt.

	Position	Einwand
Interimsethik	radikale Weisungen der Bergpredigt als Übergangsethik für die Zwischenzeit bis zur Wiederkunft Christi	Naherwartung nirgends zur Begründung der Radikalität herangezogen
Überforderungsethik	bewusste Konfrontation des Menschen mit unerfüllbaren Geboten zum Erweis des Sünderseins und der Erlösungsbedürftigkeit	Vernachlässigung des konkreten Handelns
Gesinnungsethik	ethische Bewusstseinsbildung als Stoßrichtung (und nicht buchstäbliche Befolgung)	Vernachlässigung des konkreten Handelns
Zwei-Stufen-Ethik	Verbindlichkeit der Bergpredigt nur für die Vollkommenen, nicht für die breite Masse	kein Anhaltspunkt für einen gruppenspezifisch unterschiedlichen Grad an Verbindlichkeit der Bergpredigt
eschatologische Ethik	Ethik unter dem Vorzeichen des Reiches Gottes, wonach das Verhalten der Menschen der Barmherzigkeit Gottes entsprechen soll (vgl. Mt 5,48: Ihr sollt also vollkommen sein, wie es auch euer himmlischer Vater ist.)	–

2.3 Jesus als Wundertäter

Nicht nur die Ethik Jesu steht unter dem Vorzeichen des Reiches Gottes. Auch durch sein **Wunderwirken** spricht Jesus den Menschen Heil zu und verkündet das Reich Gottes. So deutet Jesus selbst seine Wunder als Symbolhandlungen, die zeigen, dass sich in seinem Wirken das Gottesreich schon durchsetzt.

Wenn ich aber durch Gottes Finger die bösen Geister austreibe, so ist ja das Reich Gottes zu euch gekommen. *(Lk 11,20)*

Biblische Wundergeschichten setzen das mythische Weltbild der Antike voraus. Dies hat Auswirkungen auf das **Wunderverständnis**. So spielt es bei der Deutung eines Ereignisses als Wunder für die Zeitgenossen Jesu (anders als für uns heute) keine entscheidende Rolle, ob Naturgesetze durchbrochen werden. Denn sie führen das Geschehen auf der Erde nicht auf eine stets gleichbleibende Naturgesetzlichkeit zurück, sondern sehen göttliche Mächte am Werk. Für das Wunderverständnis der Menschen zur Zeit der Bibel ist deshalb ausschlaggebend, ob das Wirken göttlicher Kräfte intensiver erfahrbar wird als sonst in ihrem Alltag.

Wunder nach heutiger Auffassung	Wunder in biblischer Deutung
Ausgangspunkt: Orientierung an den Naturgesetzen (im Sinne des naturwissenschaftlichen Weltbilds der Moderne)	Ausgangspunkt: Glaube an die Welt durchdringende göttliche Kräfte (im Sinne des mythischen Weltbilds der Antike)
⇩	⇩
Wunder als **Vorgang, der naturwissenschaftlich nicht erklärbar ist**	Wunder als **auffälliges Ereignis, das als Heilshandeln Gottes verstanden wird**

Folgende Untergattungen finden sich in der biblischen Überlieferung der Wundertaten Jesu:

- **Exorzismen** (Dämonenaustreibungen), bei denen ein Dämon als aktiver Gegenspieler Jesu erscheint, z. B. die „Heilung des Besessenen von Gerasa" (Mk 5,1–20)
- **Heilungswunder**, die von der wunderbaren Heilung eines Kranken durch Berührung und/oder durch Worte Jesu handeln, z. B. die „Heilung eines Aussätzigen" (Mk 1,40–45)
- **Naturwunder**, darunter **Rettungswunder** wie die „Stillung des Seesturms" (Mk 4,35–41), bei denen drohende Gefahren abgewendet werden, und **Geschenkwunder**, bei denen materielle Güter überraschend bereitgestellt werden, z. B. die wunderbare Brotvermehrung bei der „Speisung der Fünftausend" (Mk 6,32–44)

Unabhängig davon, welche Untergattung im konkreten Einzelfall vorliegt, folgen alle Wundergeschichten einem bestimmten **Aufbauschema** bestehend aus:

- Einleitung mit Situationsschilderung,
- Exposition durch Charakterisierung der Not,
- Wunderhandlung im Zentrum und
- Schluss mit Demonstration des Wunders und Reaktion der Menschen.

Die Wunder Jesu sind breit bezeugt in den Evangelien, und zwar

- sowohl in der **Erzähltradition** (in Form von Wundergeschichten)
- als auch in der **Worttradition** (in Form von Worten Jesu).

Dennoch zweifeln viele Menschen heute die **Historizität der Wunder Jesu** an und tun sie pauschal als Lügengeschichten ab. Auch Theologen stellen die Rückfrage nach dem historischen Jesus. Sie orientieren sich dabei an drei Kriterien, um aus der Jesusüberlieferung der Evangelien jene Elemente herauszufiltern, die mit hoher Wahrscheinlichkeit auf den geschichtlichen Jesus zurückgehen:

(1) das Differenzkriterium,
(2) das Kriterium der mehrfachen Bezeugung und
(3) das Kohärenzkriterium.

Die genannten Kriterien ähneln jenen, die vor Gericht angewandt werden, um eine Zeugenaussage zu beurteilen.

Eine Zeugenaussage ist glaubwürdig, wenn ...	Echtes Jesusgut liegt höchstwahrscheinlich vor, wenn...
• ... der Zeuge nicht befangen ist.	... sich eine Überlieferung weder aus dem Judentum ableiten lässt noch dem Urchristentum zuzuschreiben ist *(Differenzkriterium)*.
• ... verschiedene Zeugenaussagen übereinstimmen.	... es sich in voneinander unabhängigen Quellen (z. B. Mk, Paulus) oder in unterschiedlichen Gattungen (z. B. Gleichnis, Wunder) findet *(Kriterium der mehrfachen Bezeugung)*.
• ... die beschriebene Tat zum Täter passt.	... es mit dem Jesusbild, das aufgrund der beiden anderen Kriterien gewonnen wurde, inhaltlich übereinstimmt *(Kohärenzkriterium)*.

Für die Frage nach der **Historizität der Exorzismen** ist das Streitgespräch in Mk 3,22–26 aufschlussreich, wo vonseiten der Schriftgelehrten der Vorwurf erhoben wird, Jesus stehe im Bündnis mit dem Teufel und könne deshalb Dämonen austreiben.

- Da nur schwer vorstellbar ist, dass dieser Vorwurf durch die Urkirche erfunden wurde, weist er Dämonenaustreibungen durch Jesus als historisch wahrscheinlich aus (im Sinne des Differenzkriteriums).

- Dafür spricht ferner die Tatsache, dass Exorzismen sowohl in der Erzähl- als auch in der Worttradition überliefert sind (Kriterium der mehrfachen Bezeugung).

Auch **Heilungswundergeschichten** sind in der urchristlichen Überlieferung mehrfach bezeugt und können daher **auf das Wirken des historischen Jesus zurückgeführt** werden. Neben den Exorzismen erscheinen Heilungswunder (1) in unterschiedlichen Quellensträngen (Mk, Q und Sondergut) und (2) in unterschiedlichen Gattungen (nämlich sowohl in der Erzähl- als auch in der Worttradition).

Die **Naturwunder** lassen sich angesichts der Quellenlage dagegen **kaum auf den historischen Jesus zurückführen**.

- Sie fehlen abgesehen von Mk 8,14–21 in der Worttradition und sie tauchen (anders als Exorzismen und Heilungswunder) auch nicht in den Sammelberichten der Evangelien zum Wirken Jesu auf, was darauf deutet, dass die Naturwunder schon sehr früh nicht zu den „typischen" Wundern Jesu gerechnet wurden.

- Hinzu kommt, dass ein christologisches Interesse erkennbar wird, sodass sich die Naturwunder (gemäß dem Differenzkriterium) besser als urchristliche Dichtungen verstehen lassen, in denen das nachösterliche Christusbekenntnis seinen Ausdruck findet.

3 Tod und Auferstehung Jesu

3.1 Die Passionsgeschichte nach dem MkEv im Überblick

Vom Todesbeschluss bis zum Verrat des Judas (vgl. Mk 14,1–11)

- Der Todesbeschluss des Hohen Rates
- Die Salbung in Betanien
- Der Verrat durch Judas

Das letzte Mahl mit seinen Jüngern (vgl. Mk 14,12–25)

- Die Vorbereitung des Paschamahls
- Das Mahl

Vorbereitung auf das Leiden (vgl. Mk 14,26–52)

- Der Gang zum Ölberg
- Das Gebet im Garten Getsemani
- Die Gefangennahme Jesu

Der Prozess gegen Jesus (vgl. Mk 14,53–15,20a)

- Das Verhör vor dem Hohen Rat
- Die Verleugnung durch Petrus
- Die Verhandlung vor Pilatus
- Die Verspottung Jesu durch die Soldaten

Leiden und Sterben Jesu (vgl. Mk 15,20b–15,47)

- Der Gang zum Kreuz
- Die Kreuzigung Jesu
- Die Verspottung des Gekreuzigten
- Der Tod Jesu
- Das Begräbnis Jesu

Die Auferstehung (vgl. Mk 16,1–8)

- Osterbotschaft im leeren Grab

3.2 Leiden und Sterben Jesu in Jerusalem

Datierung des Todes Jesu

In allen vier Evangelien fällt der Todestag Jesu auf einen Freitag. Denn der folgende Tag ist jeweils ein Sabbat.

- Nach Mk, Mt und Lk ist der Todestag **der Paschatag (nach jüdischem Kalender der 15. Tag des Frühlingsmonats Nisan)**. Das letzte Mahl Jesu mit seinen Jüngern wäre dann ein Paschamahl gewesen. Damit deuten sie das urkirchliche Herrenmahl theologisch als das neue Paschamahl.

- Bei Joh stirbt Jesus am **Tag vor dem Paschafest (Rüsttag; nach jüdischem Kalender der 14. Nisan**), und zwar zu dem Zeitpunkt, als im Tempel die Paschalämmer geschlachtet werden. So erscheint Jesus als das wahre Paschalamm.

	Donnerstag-abend	Freitag	Samstag/ Sabbat	Sonntag/er-ster Tag der Woche
Leiden und Sterben Jesu	letztes Mahl Jesu mit seinen Jüngern	Kreuzigung	Grabesruhe	Aufer-stehung
synoptische Chronologie	Rüsttag zum Paschafest	Paschafest		
johanneische Chronologie		Rüsttag zum Paschafest	Paschafest	

Meist wird der johanneischen Chronologie der Vorzug gegeben. Dafür sprechen dreierlei Überlegungen:

- Prozess und Hinrichtung am Tag des Paschafestes sind historisch kaum denkbar. Denn die Römer haben es aus politischer Rücksichtnahme vermieden, an hohen Festtagen Exekutionen zu vollstrecken.

- In der Darstellung des letzten Mahls bei den Synoptikern fehlen Elemente, die zur Feier des Paschamahls gehören (z. B. Bitterkräuter, Paschalamm).

- Die Begnadigung des Barabbas im Verlauf des Prozesses gegen Jesus ist nur sinnvoll, wenn dieser noch das Paschamahl halten kann.

Folgt man der johanneischen Chronologie, so ergibt sich als **Datum für den Todestag Jesu** der 14. Nisan, der in den Jahren 30 und 33 n. Chr. wahrscheinlich auf einen Freitag fiel. Meist wird das Jahr 30 n. Chr. favorisiert.

Der Prozess gegen Jesus

Historisch unzweifelhaft ist, dass das **Todesurteil über Jesus durch den römischen Präfekten Pontius Pilatus** gefällt wurde. Denn in der römischen Provinzverwaltung kam die Kapitalgerichtsbarkeit dem römischen Statthalter zu.

Auf den Grund für das Todesurteil verweist die Kreuzesinschrift „König der Juden" (Mk 15,26). Sie legt nahe, dass Jesus von den Römern wegen seiner messianischen Ansprüche **als politischer Rebell angeklagt und verurteilt** wurde. Dass der Vorwurf berechtigt war, wird meist bestritten. Wie er zustande kommt, wird folgendermaßen erklärt: Jesu religiöser Messiasanspruch wurde von seinen Gegnern politisch umgedeutet.

Nach den Evangelien zögert Pilatus mit der Verurteilung Jesu. Er erkennt keine Schuld Jesu und verurteilt ihn nur auf Drängen der Hohenpriester und der Menge.

- Diese Prozessversion widerspricht dem Bild von **Pilatus als brutalem und durchsetzungsfähigem Herrscher,** das wir aus den geschichtlichen Quellen kennen. Außerdem wissen wir vom jüdischen Geschichtsschreiber Josephus, dass die Römer mit Messiasanwärtern aus Angst vor politischen Unruhen meist kurzen Prozess machten.

- Hinter der abweichenden Darstellung in den Evangelien steckt vermutlich eine **Taktik zum Schutz der Anhänger Jesu:** Dass Pilatus die Unschuld Jesu feststellt, soll die Urchristen bei der römischen Obrigkeit vom Verdacht politischer Rebellion entlasten.

- Indem die Evangelien die Rolle des römischen Statthalters bei der Verurteilung Jesu relativieren, erscheint die jüdische Obrigkeit als treibende Kraft. Diese Darstellung hat eine fatale Wirkungsgeschichte entfaltet und zum **Feindbild vom Juden als „Gottesmörder"** beigetragen. Dagegen ist festzuhalten, dass Rechtsverhältnisse und Hinrichtungsart eindeutig die Römer als Hauptverantwortliche für den Tod Jesu erweisen.

Welche Rolle die jüdische Obrigkeit beim Vorgehen gegen Jesus gespielt hat, steht dagegen nicht zweifelsfrei fest. Für eine **Beteiligung der Jerusalemer Autoritäten** spricht, dass die Römer die lokalen Behörden in die Provinzverwaltung eingebunden und mitverantwortlich gemacht haben für die Wahrung der öffentlichen Ordnung.

Gemäß der markinischen Passionsgeschichte wurde Jesus vom Hohen Rat an Pilatus überstellt, nachdem er zuvor im Verhör vor dem Hohen Rat wegen seines messianischen Anspruchs zum Tode verurteilt worden war (vgl. Mk 14,61–64). Ein solches offizielles Verfahren ist historisch zweifelhaft, da der im Markusevangelium geschilderte Verlauf dem Prozessrecht der Mischna (Sammlung religiöser Bestimmungen) widerspricht:

Verfahren gegen Jesus vor dem Hohen Rat	Prozessrecht der Mischna
Die Verhandlung gegen Jesus wird nach Mt, Lk und Mk in der Paschanacht geführt, gemäß Joh in der Nacht des Rüsttags.	Verhandlungen am Sabbat und Feiertag sowie den dazugehörigen Rüsttagen sind nicht zulässig.
Gegen Jesus wird nachts verhandelt.	Prozesse zu Kriminalfällen dürfen nur am Tag stattfinden.
Jesus wird in der ersten Sitzung verurteilt.	Zwischen Beweisführung und Urteilsverkündigung muss mindestens ein Tag verstreichen.

Die aufgezeigten Widersprüche zu jüdischen Prozessprinzipien deuten darauf, dass es kein formelles Verfahren gegen Jesus vor dem Hohen Rat gegeben hat. Damit beschränkte sich die **Rolle der jüdischen Obrigkeit** beim Vorgehen gegen Jesus vermutlich auf

- die **Veranlassung der Gefangennahme** Jesu (denn bei einem unmittelbaren Eingreifen der Römer wären auch die Anhänger Jesu festgenommen worden) sowie

- ein **Verhör** und eine **Anzeige** bei der römischen Obrigkeit (ähnlich wie im Fall des Unheilspropheten Jesus Ben Ananias im Jahr 62 n. Chr.).

Als Motiv für die Verhaftung kommt am ehesten ein **Konflikt um die Bedeutung des Tempels** in Betracht: Jesu Kritik am Tempel stellte den Kultbetrieb infrage, der sowohl religiös (für das Heil Israels) als auch wirtschaftlich (z. B. über den Verkauf von Opfertieren, das Geldwechseln oder den Priesterdienst) und damit ordnungspolitisch von hoher Bedeutung war, was ein Einschreiten der jüdischen Obrigkeit verständlich macht. Dass auch der Messiasanspruch Jesu eine Rolle gespielt hat, ist zu bezweifeln, da bis zum 2. Jüdischen Krieg immer wieder Juden als messianische Führergestalten auftraten (z. B. Simon Bar Kochba), ohne dass eine jüdische Behörde aktiv geworden wäre.

3.3 Die Auferstehung

Der Glaube an die Auferstehung begegnet im Neuen Testament in

- **Erzählungen**, wie den Berichten vom leeren Grab und den Erscheinungserzählungen, sowie

- **formelhaften Aussagen** über das Ostergeschehen (z. B. Röm 10,9) oder die Ostererfahrung der ersten Christinnen und Christen (z. B. das älteste Auferstehungszeugnis in 1 Kor 15,3–8).

In der Formeltradition gilt der Apostel Petrus als erster Auferstehungszeuge (vgl. 1 Kor 15,5). Dagegen erscheinen in der Erzähltradition Maria Magdalena bzw. Frauen als die ersten Adressaten der Auferstehungsbotschaft. Angesichts der untergeordneten Rolle der Frau zur Zeit Jesu könnte dies darauf deuten, dass der Auferstehungsglaube seinen Anfang bei den Jüngerinnen Jesu genommen hat. Die Ostererfahrung hat für die Urgemeinde zentrale Bedeutung:

> *Wenn aber Christus nicht auferweckt worden ist, dann ist euer Glaube nutzlos [...].*   *(1 Kor 15,17)*

Wenn Jesus von Gott auferweckt worden ist, hat sich der messianische Anspruch Jesu als berechtigt erwiesen. Mit der Auferweckung hat Gott die Sendung Christi bestätigt. Im Licht von Ostern erscheint der Tod Jesu als heilbringend für alle Menschen.

3.4 Die Hoheitstitel Jesu

Der Glaube an den Auferstandenen führte auch zu der Frage, wer Jesus wirklich war. Um auszudrücken, dass Jesus nicht bloß als ein gewöhnlicher Mensch anzusehen ist, verlieh man seiner Person besondere Hoheitstitel (auch: Würdetitel). Diese wurden jüdischen bzw. griechisch-antiken Traditionen entlehnt und erfuhren eine spezifisch christliche Umdeutung.

	jüdische Tradition	griechisch-antike Tradition
Sohn Gottes	Bezeichnung für das Volk Israel oder jüdische Könige; Zeichen der Erwählung von Gott; Bestätigung einer engen Beziehung durch Adoption (vgl. Taufe Jesu)	Bezeichnung für Menschen, denen besondere Kräfte zugeschrieben wurden; Gottessohnschaft als Ergebnis einer göttlichen Zeugung (vgl. Jungfrauengeburt)
Kyrios / der Herr	Anrede Gottes als Herr (Adonai), um Aussprache des Gottesnamens zu vermeiden; Zeichen der Ehrfurcht	Kyrios als Titel für den römischen Kaiser; Zeichen der besonderen Vollmacht
Messias	hebr. *maschiach* /griech. *christós*: Gesalbter; Altes Testament: Salbung von Propheten, Königen und Priestern als Zeichen der Erwählung und der Annahme durch Gott; zur Zeit Jesu: Ausdruck für eine endzeitliche Befreier-Gestalt	–

3.5 Die Heilsbedeutung des Todes Jesu Christi

Die Heilsbedeutung des Todes Jesu wird im Neuen Testament unterschiedlich zum Ausdruck gebracht. Alle Deutungen treffen sich in der Überzeugung, dass **Jesus Christus für uns (Sünder) gestorben** ist.
Bis heute gibt es **kein soteriologisches Dogma**, d. h. keine lehramtlich fixierte Aussage zur Heilsbedeutung des Todes Jesu. Im Laufe der Theologiegeschichte bildeten sich aber verschiedene Denkmodelle heraus, um zu erklären, wie man sich die Erlösung der Sünder durch den Kreuzestod Jesu konkret vorzustellen hat:

Satisfaktionstheorie

Das wirkmächtigste Denkmodell entwirft der Benediktinerabt **Anselm von Canterbury (1033–1109)** mit seiner Lehre von der stellvertretenden Genugtuung *(satisfactio)* Christi.

- Den Ausgangspunkt dabei bildet die **Ehre Gottes.** Im Sinne mittelalterlicher Rechtsauffassung folgt daraus, dass Gott die Sünde Adams und Evas nicht ungesühnt lassen kann, denn Sünde stellt eine Verletzung der von Gott gesetzten Ordnung dar. Und da Strafe als mögliche Sühne entfällt, weil das die Verwerfung der Sünder bedeuten und dem Heilswillen Gottes widersprechen würde, bleibt die **Genugtuung als einziges Mittel zum Ausgleich der durch die Sünde verursachten Entehrung Gottes.**

- Zur Genugtuung ist der Mensch aufgrund seiner wesensmäßigen Verfasstheit aber nicht in der Lage. Gott wurde also Mensch, damit von einem **Vertreter der Menschheit** jene **Genugtuungsleistung** erbracht werden kann, die grundsätzlich jedes Menschenmaß übersteigt. Dieser Vertreter der Menschheit ist Jesus Christus, der durch seinen Tod am Kreuz jene Genugtuung leistet, die nötig ist zum Ausgleich für die Entehrung Gottes.

- Warum aber musste diese Genugtuung durch den schmachvollen Tod am Kreuz erfolgen? Dies erklärt Anselm unter Rekurs auf Hebr 4,15 und Röm 5,12 ff.: Wie jeder Mensch ist auch der Gott-Mensch Christus sterblich. Anders aber als die Menschen, die den Tod aufgrund ihrer Sündhaftigkeit verdienen (vgl. Röm 5,12 ff.), verdient Christus wegen seiner Sündlosigkeit (vgl. Hebr 4,15) den Tod nicht. **Indem Christus freiwillig stirbt, tut er mehr als seine Schuldigkeit.** Und dieses „Mehr" kann den Menschen zugutekommen, da es ja der Gott-Mensch aufgrund seiner Sündlosigkeit nicht für sich benötigt.

So sehr die Satisfaktionslehre noch immer das gläubige Bewusstsein prägt, so umstritten ist sie. Einwände betreffen v. a. das von ihr vermittelte **Bild von einem rachsüchtigen und unnachsichtigen Gott.**

Solidaritätsmodell

Vertreterinnen und Vertretern des Solidaritätsmodells zufolge greift die Deutung des Anselm von Canterbury darüber hinaus zu kurz, weil sie den zum Kreuz führenden Konflikt zwischen Jesus und seinen Gegnern nicht berücksichtige. Das Kreuz sei aber **Ausdruck der Solidarität Gottes mit den Leidenden und letzte Konsequenz des solidarischen Handelns Jesu für die Leidenden.** Diesen Zusammenhang führt Mk 3,1–6 deutlich vor Augen, wo auf die Heilung eines Mannes am Sabbat der Todesbeschluss folgt. Für die Deutung des Kreuzestodes Jesu folgt daraus im Sinne des Solidaritätsmodells:

- An die Stelle der Sünder treten die Leidenden. Christus gibt sich ihnen hin, aber nicht zur Vergebung der Sünden, sondern aus Anteilnahme an ihrem Leid.

- Christus leidet mit den Leidenden mit, er solidarisiert sich mit ihnen und ergreift durch seinen Tod am Kreuz Partei für sie.

Jesus stirbt am Kreuz …

- **… zur Erlösung der Sünder.** Im Sinne der Satisfaktionstheorie begleicht Jesus Christus durch seinen Kreuzestod die Sündenschuld der Menschen. Er steht als Bürge gegenüber dem Gläubiger, Gott Vater, für die Sünder bzw. Schuldner ein.

- **… aus Anteilnahme am Leid der Menschen.** Im Sinne des Solidaritätsmodells leidet Jesus mit den Leidenden und ergreift Partei für sie.

Mensch

1 Anthropologie

1.1 Gegenstand der Anthropologie

Anthropologie ist von der griechischen Wortbedeutung her die Lehre vom Menschen. Im Mittelpunkt steht die Frage: **Was ist der Mensch?** Theologische Anthropologie deutet das **Menschsein im Lichte der Beziehung des Menschen zu Gott.** Dies wird besonders deutlich in Ps 8:

> *Was ist der Mensch, dass du seiner gedenkst, und des Menschen Kind,*
> *dass du dich seiner annimmst?* *(Ps 8,5)*

1.2 Relevanz anthropologischer Überlegungen

Von der Antwort auf die Frage nach dem Wesen des Menschen hängt ab, welche Vorstellungen bzw. Überzeugungen vom Menschen Politik und Gesellschaft leiten.

- Wer ein pessimistisches Menschenbild hat, begegnet Fremden anders als derjenige, der den Menschen generell für gut hält.
- Wer annimmt, dass der Mensch wesentlich durch die Art der Sozialisation bestimmt ist, für den liegt die Verantwortung für das Gelingen oder Scheitern einer Biografie nicht nur beim Einzelnen, sondern auch bei den sozialen Strukturen (z. B. Zugang zu Bildung).

Wie wir Menschsein bestimmen, prägt unseren Umgang mit Menschen. Insofern besteht ein enger **Zusammenhang zwischen Anthropologie und Ethik.**
Dies führte zum Verdacht, es liege ein **naturalistischer Fehlschluss** vor, wenn vom So-Sein des Menschen auf das Sollen geschlossen wird. Allerdings verkennt der Vorwurf die Eigenart anthropologischer Reflexion. So wird bezweifelt, ob eine Bestimmung des Menschen überhaupt möglich ist, wenn man die ethische Dimension außer Acht

lässt. Mit anderen Worten: Ethische Implikationen sind unvermeidbar, wenn man Aussagen über die menschliche Natur treffen will.

1.3 Gefahren und Missverständnisse

Bei jedem anthropologischen Deutungsansatz besteht die **Gefahr einer unzulässigen Verallgemeinerung bzw. Reduktion**, wenn er absolut gesetzt wird. Denn unser Nachdenken über den Menschen vollzieht sich notwendig im Rahmen der Lebenswelt, die uns umgibt. Es bleibt daher bruchstückhaft und muss sich Offenheit für abweichende Perspektiven bewahren, um nicht der **Bedeutungslosigkeit** preisgegeben oder zu einer **Ideologie** gemacht zu werden.

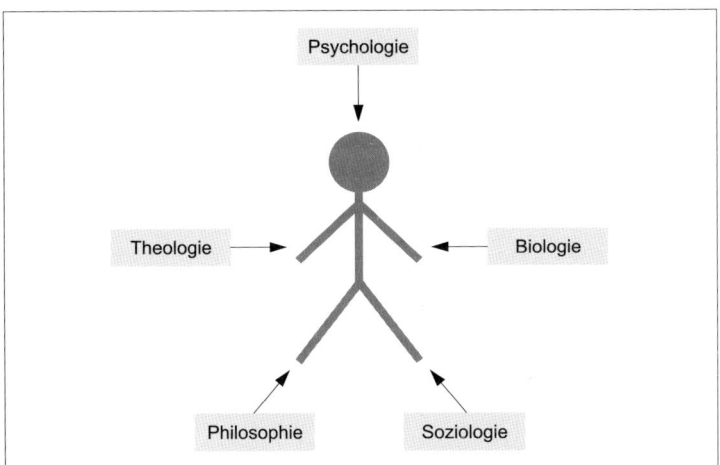

Da aus ganz **unterschiedlichen Perspektiven** auf das Menschsein geblickt werden kann, ist vom Menschen – je nach Kontext – auch auf verschiedene Weise die Rede: der Mensch als Vernunftwesen in der Philosophie der Aufklärung, als Triebwesen in der Psychologie, als Gemeinschaftswesen in der Soziologie usw. Jede dieser Aussagen erfasst einen Teilaspekt des Menschseins, aber nicht den Menschen als Ganzes. Darum muss die biologische Beschreibung des Menschen als Produkt der Evolution die theologische Bestimmung des Menschen durch die Gottebenbildlichkeit nicht notwendigerweise ausschließen (vgl. 3.1 und 3.3 im Kapitel „Religion und Wirklichkeit", S. 7 f. und S. 10 f.). Ein Widerspruch entsteht nur dann, wenn

- die biblische Schöpfungsgeschichte als naturwissenschaftlicher Bericht über die Entstehung der Welt und den Ursprung des Menschen fehlinterpretiert wird und/oder
- der naturwissenschaftliche Blick auf die Welt zum einzig zulässigen Denkhorizont erklärt wird (sog. Szientismus).

2 Der Mensch im Horizont des christlichen Glaubens

2.1 Geschöpf und Bild Gottes

Grundlegend für die theologische Anthropologie ist die **Erschaffung des Menschen als Bild Gottes**.

> *Gott erschuf den Menschen als sein Bild.*   (Gen 1,27)

Zweierlei Voraussetzungen des Menschseins sind damit angesprochen:

- Der Mensch ist ein **Geschöpf Gottes** und damit begrenzt, Gott untergeordnet, von Gott abhängig.
- Der Mensch ist **Bild Gottes**, zwar gottähnlich, aber nicht gottgleich.

Dies wirft die Frage auf, worin die **Gottähnlichkeit** des Menschen besteht.

- Zur Beantwortung dieser Frage wird häufig auf die menschliche Vernunft verwiesen. Die geistigen Fähigkeiten des Menschen können aber nicht gemeint sein, da das Alte Testament den Menschen ganzheitlich als Einheit von Leib, Seele und Geist denkt. Aus demselben Grund fällt die äußere Gestalt des Menschen als Erklärung aus.

- Ebenso wenig kommt das Personsein des Menschen infrage, da auch der Segen über die Wassertiere und Vögel als Anrede formuliert ist („Gott segnete sie und sprach: Seid fruchtbar und mehrt euch!", Gen 1,22).

- Neuere Auslegungen verstehen die biblische Rede von der Gottebenbildlichkeit des Menschen daher nicht mehr (ontologisch) als Aussage über das Wesen des Menschen, sondern (funktional) als Verweis auf die **Berufung des Menschen zum Stellvertreter Gottes**. Zu dieser Deutung gelangte die Bibelwissenschaft in Auseinandersetzung mit der altägyptischen Königsideologie: Die dort allein auf den König bezogene Funktion, Stellvertreter Gottes zu sein, werde im Schöpfungsbericht auf alle Menschen übertragen (bzw. demokratisiert).

Als Bild Gottes steht jeder Mensch in einer einmaligen **Beziehung zu Gott**, die zwar durch die Sünde gestört, aber nicht zerstört werden kann. Auch nach dem Sündenfall des Menschen bleibt der Mensch ein Bild Gottes (vgl. Gen 9,1–6). Daraus folgt: Im Sinne des Alten Testaments ist die Gottebenbildlichkeit **keine bloße Eigenschaft, sondern eine Grundbedingung des Menschseins**.

Entsprechend verfügt der Mensch über eine **unverlierbare Würde**. Da sie in der Gottebenbildlichkeit gründet, beruht die Würde des Menschen gemäß christlichem Glauben allein auf dem Handeln Gottes, d. h.: Die Würde des Menschen ist nicht an irgendwelche Eigenschaften gebunden, sondern kommt dem Menschen prinzipiell zu. Damit stehen sich alle Menschen gleichwertig gegenüber – unabhängig von Geschlecht, Hautfarbe oder Leistungsfähigkeit. Jeder Mensch hat einen unantastbaren Eigenwert.

Die einzigartige Auserwählung des Menschen durch Gott ist nicht nur Zusage, sondern auch **Berufung und Aufgabe:**

> Gott segnete den Menschen und sprach: Seid fruchtbar und mehrt euch, füllt die Erde und unterwerft sie und waltet über die Fische des Meeres, über die Vögel des Himmels und über alle Tiere, die auf der Erde kriechen!
> *(Gen 1,28)*

Mit dem Herrschaftsauftrag macht Gott den Menschen zum **Partner** und überträgt ihm **Verantwortung für die Schöpfung**, was über Jahrhunderte missverstanden wurde als Ermächtigung zur rücksichtslosen Ausbeutung der Natur. Aber gerade die Zusammenstellung mit der Erschaffung des Menschen zum Ebenbild Gottes macht deutlich, dass der Herrschaftsauftrag auf die Bewahrung der Schöpfung zielt: So wie Gott für seine Schöpfung sorgt, soll auch der Mensch als Abbild (nach dem Vorbild bzw. getreu dem Urbild Gottes) Fürsorge für die Mitgeschöpfe und die Natur zeigen.

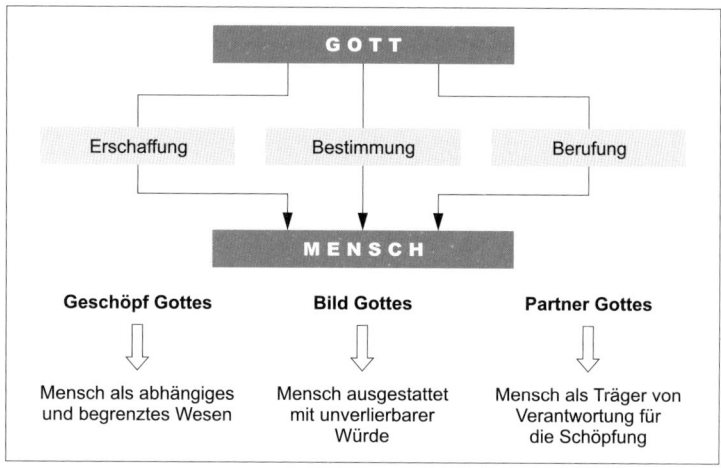

2.2 Person

Durch die **Gabe des Geistes** wird der **Mensch als Person** konstituiert. Der zweite Schöpfungsbericht stellt dies im Sinnbild vom Einhauchen des Lebensatems dar:

> *Da formte Gott, der HERR, den Menschen, Staub vom Erdboden, und blies in seine Nase den Lebensatem. So wurde der Mensch zu einem lebendigen Wesen.* *(Gen 2,7)*

Gott haucht dem Menschen Leben ein und lässt ihn dadurch Anteil am Göttlichen haben. Zugleich zeichnet Gott den Menschen durch das

Geschenk der *ruach* als Person aus. Denn der hebräische Begriff mit der Grundbedeutung „Wind", „Atem" steht im übertragenen Sinn für das Gemüt und den Geist.

Der Mensch als Person wird dadurch

- einerseits als **emotionales Wesen** und

- andererseits als **erkennendes und wollendes Wesen** (Verstand und Wille als Grundkräfte des Geistes aus biblischer Sicht)

bestimmt. Dass die Bibel dabei von einem **freien Willen** ausgeht, zeigt sich u. a. darin, dass der Mensch in der Bibel für sein Handeln verantwortlich ist. Dies setzt nicht nur Einsicht in den Unterschied von Gut und Böse voraus, sondern auch die Freiheit, sich für das Gute oder das Böse zu entscheiden.

Eng verbunden mit der Personalität des Menschen ist seine **Sozialität:** Der Mensch als Person ist **angelegt auf menschliche Gemeinschaft**.

Es ist nicht gut, dass der Mensch allein ist. Ich will ihm eine Hilfe machen, die ihm ebenbürtig ist.   *(Gen 2,18)*

Dies mündet im jahwistischen Schöpfungsbericht in die Erschaffung der Frau aus der Rippe des Mannes, woraus im Rahmen patriarchalischer Deutungsmuster bis ins 20. Jahrhundert hinein eine Unterordnung der Frau unter den Mann abgeleitet wurde. Diese Interpretation wird dem Text nicht gerecht: Sie übersieht, dass überhaupt erst mit der Erschaffung der Frau in geschlechtlicher Differenzierung von Mann und Frau die Rede ist.

Mehr noch: Die Erschaffung des Menschen ist erst mit der Erschaffung der Frau abgeschlossen. Der Mensch existiert nicht als geschlechtsloses Wesen. Von der Schöpfung her spannt sich das Menschsein zwischen den geschlechtlichen Polen „Mann" und „Frau". Beide sind einander als **gleichberechtigte Partner** zugeordnet und sollen eine **Gemeinschaft bilden**, was durch das Wortspiel *isch* (hebr.: Mann) und *ischah* (hebr.: Frau) zum Ausdruck kommt.

Noch tiefer begründet wird die Gleichwertigkeit von Mann und Frau im priesterschriftlichen Schöpfungsbericht (vgl. Gen 1,27). Gerade in der **geschlechtlichen Differenzierung** ist der Mensch ein **Bild Gottes**.

2.3 Sünder

Ebenso grundlegend wie die Vorstellung von der Gottebenbildlichkeit ist das Verständnis des Menschen als Sünder für die biblische Anthropologie. So folgen auf die alttestamentlichen Schöpfungsberichte im Rahmen der Urgeschichte die Erzählungen vom Sündenfall (vgl. Gen 3,1–24), von Kains Brudermord (vgl. Gen 4,1–16), von der Sintflut (vgl. Gen 6–8) und vom Turmbau zu Babel (vgl. Gen 11,1–9). Betont wird:

- Die Beziehung zwischen Gott und Mensch ist **von Anfang an** gefährdet, weil sich der Mensch als freies Wesen auch gegen den Willen Gottes entscheiden kann.

- Alle Menschen sind der Sünde verfallen (**Allgemeinheit der Sünde**).

- Das Wesen der Sünde besteht in der **Verletzung der gottgewollten, guten Schöpfungsordnung**, die zu einer **gestörten Beziehung** des Menschen zu Gott, der Menschen untereinander sowie zwischen Mensch und Schöpfung führt.

Auch im Neuen Testament ist der Gedanke von der universalen Sündenverfallenheit des Menschen prägend. Der Apostel Paulus formuliert im Römerbrief:

> *19 Denn ich tue nicht das Gute, das ich will, sondern das Böse, das ich nicht will, das vollbringe ich. 20 Wenn ich aber das tue, was ich nicht will, dann bin nicht mehr ich es, der es bewirkt, sondern die in mir wohnende Sünde.*
>
> *(Röm 7,19 f.)*

Erbsünde?

Zur Rechtfertigung der Praxis der Kindertaufe gegenüber den Infragestellungen durch den Pelagianismus (Lehre, die zum einen die Freiheit des Menschen und sein sittliches Vermögen betont und zum anderen die Notwendigkeit der Gnade Gottes im Heilsgeschehen relativiert) entwickelt der Kirchenvater Augustinus (354–430) die **Erbsündenlehre:**

- These: Alle Menschen sind Sünder (andernfalls wären sie nicht erlösungsbedürftig, Christus ist aber gemäß christlichem Glauben für alle Menschen gestorben).

- Begründung: Durch Vererbung wird die Sünde Adams an alle Menschen weitergegeben (aufgrund des sexuellen Begehrens beim Zeugungsakt; Schuld der Kinder aufgrund der Erbsünde).

Die Verknüpfung des sexuellen Begehrens mit dem Gedanken der Sünde entfaltete eine **verhängnisvolle Wirkung** und führte zur Leibfeindlichkeit.

Gegen die Erbsündenlehre werden darüber hinaus folgende **Einwände** ins Feld geführt:

- Gen 3 bietet eine **Ätiologie**, d. h. eine Erklärung für etwas Vorgegebenes. In Gen 3 dient die Ursünde als Erklärung für die Erfahrung, dass alle Menschen Sünder sind. Demgegenüber schließt Augustinus im Rahmen der Erbsündenlehre in umgekehrter Denkrichtung von der Ursünde über die Idee der Vererbung auf das Sündersein aller Menschen.

	Gen 3	**Erbsündenlehre**
Sündersein aller Menschen	Ausgangspunkt	Ergebnis der Schlussfolgerung
Denkrichtung	⇩	⇧
Ursünde	Ergebnis der Schlussfolgerung	Ausgangspunkt

Aus der Denkrichtung in Gen 3 folgt: Die Vorstellung einer Vererbung der Ursünde hat im Gedankengang von Gen 3 keinen Platz.

- Außerdem ist der **Begriff „Erbsünde" in sich widersprüchlich:** Die Vorstellung vom Erbe als etwas, das der Mensch ohne eigenes Zutun erhält, ist unvereinbar mit der Auffassung von Sünde als personale Entscheidung gegen Gottes Willen.

- Die Erbsündenlehre steht ferner im Widerspruch zum **evolutiven Weltbild**, wonach Adam und Eva keine historischen Personen waren.

Aus den genannten Gründen gilt die **Erbsündenlehre** als Konzept, um den Glaubensinhalt von der Allgemeinheit der Sünde gedanklich fassen zu können, als **überholt**. Dies ändert aber nichts an der bleibenden Gültigkeit der Glaubensinhalte von

- der Universalität der Sünde,
- der Erlösungsbedürftigkeit aller Menschen und
- der Erlösung von Sünde und Schuld im Heilswerk Jesu Christi, die in den biblischen Schriften breit bezeugt sind.

> *13 Er [Gott] hat uns der Macht der Finsternis entrissen und aufgenommen in das Reich seines geliebten Sohnes. 14 Durch ihn haben wir die Erlösung, die Vergebung der Sünden.*
> (Kol 1,13 f.)

2.4 Der Mensch unter dem Anspruch des Gewissens

Nach katholischem Verständnis findet die Verantwortung des Menschen vor Gott ihren Niederschlag im Gewissen. Es ist nach der Lehre des Zweiten Vatikanischen Konzils der **Ort des Dialogs zwischen Gott und Mensch**, richtet den Menschen **auf das Gute hin** aus und bildet die **höchste und letzte Instanz** moralischer Entscheidungen. So heißt es in der Pastoralkonstitution „Gaudium et spes":

> *Im Innern seines Gewissens entdeckt der Mensch ein Gesetz, das er sich nicht selbst gibt, sondern dem er gehorchen muss und dessen Stimme ihn immer zur Liebe und zum Tun des Guten und zur Unterlassung des Bösen anruft. [...] Denn der Mensch hat ein Gesetz, das von Gott seinem Herzen eingeschrieben ist, dem zu gehorchen eben seine Würde ist und gemäß dem er gerichtet werden wird. [...] Das Gewissen ist die verborgenste Mitte und das Heiligtum im Menschen, wo er allein ist mit Gott, dessen Stimme in diesem seinem Innersten zu hören ist. Im Gewissen erkennt man in wunderbarer Weise jenes Gesetz, das in der Liebe zu Gott und dem Nächsten seine Erfüllung hat.*
> (Gaudium et spes 16)

Während das Konzil ein positives Bild vom Menschen und seinem Gewissen zeichnet, deutet **Sigmund Freud** (1856–1939) das Gewissen (ausgehend von einem deterministischen Menschenbild) als durch Erziehung erworbene Instanz, in der Vorschriften und Gebote verinnerlicht wurden. Das sog. **Über-Ich** wirke als zwanghaftes Gewissen (vgl. dazu 3.2, S. 73 f.).

- Zu Recht nimmt Freud die faktischen Bedingtheiten und Fremdbestimmungen des Gewissens in den Blick, was auf die Rolle der Gewissensbildung verweist.
- Kritikwürdig bleibt allerdings die einseitig negative Sicht des Gewissens, die dessen großer Bedeutung für das sittliche Handeln nicht gerecht wird.

3 Grundfragen zur Natur des Menschen

3.1 Ist der Mensch gut oder böse?

Die Frage, ob der Mensch gut oder böse ist, bewegt die Menschen seit Urzeiten. Um eine Antwort auf diese Frage zu finden, muss der Mensch als soziales Wesen genauer in den Blick genommen werden. Was gut bzw. böse ist, bemisst sich dann daran, wie man sich anderen gegenüber verhält. Demnach ist

- das Gute ein Handeln zugunsten des Wohls anderer (**Altruismus**),
- das Böse die Verfolgung eigener Interessen auf Kosten anderer (**Egoismus**).

Der Blick in die Geschichte der Menschheit zeigt, dass altruistisches und egoistisches Handeln immer und überall zu finden waren bzw. sind. Insofern lässt sich die Frage nach der moralischen Natur des Menschen nicht eindeutig beantworten – mit anderen Worten: Der Mensch ist von Natur aus weder gut noch böse, sondern **sowohl gut als auch böse**. Oder christlich gesprochen: Der Mensch ist **zugleich Bild Gottes und Sünder**.

3.2 Ist der Mensch frei oder unfrei?

Seit der kopernikanischen Wende hat der Mensch drei Kränkungen hinnehmen müssen:

- **Kosmologische Kränkung** (infolge der Ersetzung des geozentrischen Weltbildes durch das heliozentrische aufgrund der Entdeckungen von Nikolaus Kopernikus und Galileo Galilei): Der Mensch lebt nicht in der Mitte des Universums.

- **Biologische Kränkung** (im Zuge der Evolutionstheorie von Charles Darwin): Menschen und Affen haben gemeinsame Vorfahren.

- **Psychologische Kränkung** (im Zuge der Psychoanalyse von Sigmund Freud): Der Mensch sei „nicht einmal Herr im eigenen Haus", sondern werde durch unbewusste Prozesse (z. B. Triebe) gesteuert bzw. determiniert. Die Psyche des Menschen wird demnach von drei Prinzipien bestimmt: Zum ES (Triebe, Affekte) tritt neben dem ÜBER-ICH (Gewissen, Moral) das ICH, das zwischen den Wünschen des ES (Lustprinzip) und den Anforderungen der Außenwelt (Moralitätsprinzip) vermittelt.

Inzwischen wird die Willensfreiheit des Menschen auch von anderer Warte aus infrage gestellt: Der Mensch werde bestimmt durch Gene, die Einflüsse seiner Umwelt (z. B. Erziehung, gesellschaftliche Verhältnisse), das Gesetz von Reiz und Reaktion etc.
Gegen die Behauptung eines prinzipiellen Determinismus und die damit verbundene Bestreitung der Willensfreiheit lässt sich einwenden:

- Unbewusste Prozesse lassen sich bewusst machen.

- Die Zwillingsforschung zeigt, dass die Gene das Verhalten des Menschen nicht vollständig determinieren.

- Protest gegen herrschendes Unrecht lässt sich nur unter der Idee der Freiheit erklären.

- Deterministen widersprechen sich selbst, indem sie versuchen, andere von der Richtigkeit ihrer Auffassung zu überzeugen. Das wäre aber sinnlos, wenn das Gegenüber nicht die Freiheit hätte, sich überzeugen zu lassen.

- Und indirekt ist einzuwenden: Determinismus schließt **moralische Verantwortung** aus.

Umgekehrt gilt (wider die Behauptung eines grundsätzlichen Indeterminismus): Freiheit ist nicht Willkür. Eine freie Entscheidung folgt Überzeugungen oder Vorlieben. Im Glauben an Gott findet der freie Wille des Menschen eine **Letztbegründung** für gutes Handeln.

Ethik

1   Grundlagen der Ethik

1996 fragte die deutsche Hip-Hop-Band „Fettes Brot" im Refrain zu ihrem Lied „Jein": „Soll ich's wirklich machen oder lass ich's lieber sein?" Dies erwies sich als erfolgreich – kein Wunder: Der Alltag ist voll von Situationen, in denen wir Entscheidungen zwischen alternativen Handlungsmöglichkeiten treffen müssen. Oft werden Menschen dabei vor Probleme gestellt, die die **Frage nach dem *richtigen* Handeln** aufwerfen: Ist eine Notlüge zwangsläufig falsch? Heiligt der Zweck die Mittel?

1.1 Werte und Normen

Werte und Normen geben uns Orientierung bei der Frage nach dem richtigen Handeln.

- **Werte:** in der Wertordnung einer Gesellschaft vorgegebene Leitvorstellungen (z. B. Gleichheit)
- **Normen:** konkrete Maximen und Handlungsrichtlinien auf der Grundlage und im Dienste bestimmter Werte (z. B. gleiches Stimmrecht für Frauen und Männer im Sinne der Gleichheit); Maßstab für verantwortliches menschliches Handeln

Normen erhalten ihre Verbindlichkeit erst durch Werte und dienen gleichzeitig dazu, diese im konkreten Handlungszusammenhang zu schützen. Darüber hinaus erfüllen **Normen** folgende **Funktionen:**

- **Ausgleich der Instinktschwäche des Menschen,**
- Ermöglichung und **Stabilisierung des menschlichen Zusammenlebens** durch Gewährleistung eines ethischen Minimalkonsenses,
- **Sicherheit** in den gegenseitigen Erwartungen,

- Erhaltung der Handlungsfähigkeit durch **Entlastung des Einzelnen vom Zwang zur andauernden Suche nach ethisch verantwortbaren Lösungen** und

- **Ermöglichung einer subjektiven Identität** durch Normen im Sinne stabiler Einstellungen, Haltungen und anerkannter Verpflichtungen, ohne die unser Ich in verschiedene Identitäten zerfallen würde.

Werte und Normen werden **im Prozess der Sozialisation erlernt**, und zwar gemäß Sigmund Freud durch Verinnerlichung von Autoritäten: Das Kind verlegt die Anweisungen der Eltern nach innen und entwickelt so das Über-Ich als urteilende Instanz.

Wertewandel

In der Wertordnung spiegelt sich die Gesellschaft wider. Verändert sich die Gesellschaft, so wandeln sich auch ihre Wertvorstellungen, d. h.: **Werte sind relativ.**
Ein Beispiel ist der Wandel von Pflicht- und Akzeptanzwerten (z. B. Fleiß, Disziplin, Unterordnung) hin zu Selbstentfaltungswerten (z. B. Emanzipation) in den westlichen Industriegesellschaften seit den 1960er-Jahren, die der amerikanische Soziologe **Ronald Inglehart** folgendermaßen erklärt:

	Mangelhypothese Menschen erstreben das, was besonders knapp ist. Mit der Befriedigung grundlegender Bedürfnisse nimmt das Streben nach „höheren" Werten zu.	**Sozialisationshypothese** Grundlegende Werte eines Menschen werden in jungen Jahren ausgebildet und dienen dauerhaft als Richtschnur.
ältere Generation	aufgewachsen in der akuten Mangelsituation vor und nach dem Zweiten Weltkrieg → Anhänger materialistischer Werte (Vermögen und Besitztum)	Einmal Materialist, immer Materialist.
jüngere Generation	hineingeboren in den Wohlstand nach dem Wirtschaftswunder der 1950er-Jahre → Anhänger postmaterialistischer Werte (Selbstverwirklichung und Kommunikation)	Einmal Postmaterialist, immer Postmaterialist.

Tatsächlich ging der Anteil der Materialisten an der westdeutschen Bevölkerung seit den 1960er-Jahren kontinuierlich zurück, während die Zahl der Postmaterialisten stieg. Sowohl im Westen als auch im Osten Deutschlands verschob sich das Verhältnis der Prioritäten bis 2014 auf 40 : 60 zugunsten postmaterialistischer Werthaltungen (vgl. die Daten zum Inglehart-Index aus der Allgemeinen Bevölkerungsumfrage der Sozialwissenschaften).

Wider den **Trend zu postmaterialistischen Werten** gewinnen materialistische Werte in wirtschaftlich schwierigen Zeiten an Bedeutung, zuletzt im Zuge der Finanz- und Wirtschaftskrise 2008.

1.2 Was ist Ethik?

Im Alltag verwenden wir die Begriffe „Ethik" und „Moral" weitgehend synonym. In der Philosophie wird hingegen folgende Unterscheidung getroffen:

- Der Moralbegriff (von lat. *mores:* Sitten) bezeichnet ursprünglich die in einer Gesellschaft anerkannten Verhaltensregeln und die sie tragenden Überzeugungen. Heute bezieht sich Moral näherhin auf ein **System von Werten und Normen für menschliches Verhalten unter den Kategorien von Gut und Böse bzw. Richtig und Falsch**.

- Der Begriff „Ethik" leitet sich etymologisch vom griechischen Substantiv *éthos* ab: Gewohnheit, Sitte, Brauch. Wie die Wortherkunft nahelegt, steht im Mittelpunkt der Ethik das Ethos einer Gesellschaft, verstanden als die jeweils geltende Moral einer Gruppe. Ethik ist die **Reflexion über Moral**.

Ethik nimmt Moral unter die Lupe. Dies kann mit dem deutschen Soziologen **Max Weber** (1864–1920) grundsätzlich aus zwei Perspektiven erfolgen, je nachdem

- ob das menschliche Handeln an der Handlungsabsicht bzw. redlichen Gesinnung gemessen wird (**Gesinnungsethik**) oder

- ob die Konsequenzen menschlichen Handelns zum Maßstab der Beurteilung gemacht werden (**Verantwortungsethik**).

	Gesinnungsethik	Verantwortungsethik
Kriterium	Gesinnung	Verantwortung
Argumentations-ansatz	deontologisch (von griech. *déon:* Pflicht)	teleologisch (von griech. *télos:* Ziel, Zweck)
Menschliches Handeln ist gut, wenn ...	... es auf den richtigen Werten, Normen, Tugenden beruht.	... die Folgen des Handelns wünschenswert sind.
Beispiel: Lüge	prinzipiell falsch	zur Vermeidung eines größeren Übels gerecht-fertigt
Kritik	• pro: klare Wertorientierung • kontra: Verabsolutierung von Prinzipien unter Absehung von den Folgen	• pro: Realitätsbezug • kontra: Überforderung bei der Abschätzung der Konsequenzen einer Handlung

1.3 Wichtige Modelle der Normenbegründung

Die im Folgenden dargestellten Modelle der Normenbegründung lassen sich in unterschiedlicher Ausprägung einem dieser beiden ethischen Grundmodelle zuordnen.

Hedonismus (von griech. *hedoné:* Freude, Lust)
• Begründer: Aristipp (ca. 435–355 v. Chr.), Epikur (341–270 v. Chr.)
• das Individuum im Fokus: Privatisierung des Glücks vor dem Hintergrund instabiler sozialer Verhältnisse im klassischen Griechenland
• Ziel: Maximum an Lebensfreude
• Lustprinzip: Eine Handlung ist sittlich gut, wenn sie Lust bereitet.
• Lust-Unlust-Kalkül: Lust als Freisein von Unlust

Utilitarismus (von lat. *utilitas:* Nutzen)
• Begründer: Jeremy Bentham (1748–1832) und John Stuart Mill (1806–1873)
• Versuch einer rationalen Begründung von Moral

- Entstehung als politische Ethik vor dem Hintergrund der zunehmenden Industrialisierung im 19. Jahrhundert, Zweck: Ausrichtung staatlichen Handelns am Nutzen für das Volk
- Vorläufer: Hedonismus, der weitergeführt wird im Blick auf die Gesellschaft
- Ziel: das allgemeine Wohlergehen
- Nutzenprinzip: Orientierung des Guten am Nutzen

Eine Handlung oder Handlungsregel ist moralisch richtig, wenn		
ihre Folgen	für das Wohlergehen	aller Betroffenen nützlich sind.
Konsequenzialismus	**hedonistische Wertbasis**	**Maximierungsstruktur**

- Spielarten des Utilitarismus bezogen auf
  - den Konsequenzialismus:
    - ▶ **Handlungsutilitarismus** (d. h.: Der Wert einer Handlung **bemisst** sich direkt an ihrem Nutzen ohne Rücksicht auf die Art der Handlung.)
    - ▶ **Regelutilitarismus** (d. h.: Der Wert einer Handlung bemisst sich nicht direkt an ihrem Nutzen, sondern an der Übereinstimmung mit Regeln, deren allgemeine Befolgung nutzenmaximierend wirken würde.)
  - die hedonistische Wertbasis:
    - ▶ **Glücksutilitarismus** (Nutzen verstanden als Glück, Wohlbefinden, Freude) und **Präferenzutilitarismus** (Nutzen verstanden als Befriedigung von Wünschen und Interessen); Hintergrund: Versuch, eine überprüfbare Nutzenmessung zu ermöglichen
    - ▶ **positiver Utilitarismus** (Nutzen als Maximum an Glück) und **negativer Utilitarismus** (Nutzen als Minimum an Unglück); Hintergrund: Versuch, einer Umverteilung zulasten Schwächerer vorzubeugen
  - die Maximierungsstruktur:
    - ▶ **Nutzensummenutilitarismus** (d. h.: Eine Handlung ist gut, wenn sie den Gesamtnutzen maximiert.)
    - ▶ **Durchschnittsnutzenutilitarismus** (d. h.: Eine Handlung ist gut, wenn sie den Nutzen pro Kopf maximiert.)

- kritische Würdigung:
  - pro: gesellschaftskritisches Potenzial (z. B. in Bezug auf soziale Ungleichheiten); Prinzip der Maximierung („alle Betroffenen") als Schutz vor Egoismus; keine Berufung auf ein Gefühl oder ein göttliches Wesen notwendig; „praxisnahes" Verfahren durch Blick auf konkrete Folgen
  - kontra: kontraintuitiver Charakter (z. B. Rechtfertigung von Tötung bei steigender Nutzensumme); Tendenz zur Diskriminierung von Minderheiten; Vernachlässigung der Rechte des Einzelnen; Unvereinbarkeit mit der Idee der Menschenrechte; Überforderung bei der Abschätzung der Konsequenzen

Die Pflichtethik

- Begründer: Immanuel Kant (1724–1804)
- Entstehung vor dem Hintergrund der Philosophie der **Aufklärung**
- Ziel: der Mensch als sein eigener Gesetzgeber in Freiheit und Autonomie
- Ausgangspunkt: der gute Wille (sog. praktische Vernunft) als das einzig Gute
  - Neigung (Streben nach Glück, Anerkennung etc.) als natürliches Handlungsmotiv
  - Pflicht als moralisches Handlungsmotiv
- Grundsatz: moralisch handeln als **Handeln aus Pflicht** (daher: Bezeichnung als Pflichtethik), d. h.:
  - um der Pflicht willen,
  - ohne jede Beachtung von Neigungen bzw. völlig frei von der Fremdbestimmung durch Neigungen
  - und in Abgrenzung vom bloß pflichtmäßigen Handeln (mit dem Status der Legalität, aber ohne den Status der Moralität).
- Erkenntnis der Pflicht mithilfe des **kategorischen Imperativs** als oberstes Handlungsprinzip im Sinne eines Prüfkriteriums für die Geltung von moralischen Handlungsregeln (sog. Maximen)

> Handle nur nach derjenigen Maxime, durch die du zugleich wollen kannst, dass sie ein allgemeines Gesetz werde.
>
> - **Rationalismus:** Vernunft als Prinzip der Normenbegründung und Handlungsprüfung
>
> - **Formalismus:** keine inhaltliche Moralbestimmung, sondern formales Prüfverfahren
>
> - **deontologisch-kategorischer Charakter:** Anspruch auf unbedingte Geltung
>
> - **Universalismus:** Verallgemeinerbarkeit
>
> - **Apriorismus:** von der Erfahrung unabhängig

- kritische Würdigung:
  - pro: Universalität
  - kontra: Vernachlässigung der Folgen einer Handlung; idealistisches Menschenbild

Das Naturrecht

- Prinzip: die in der Natur bzw. Schöpfung vorgegebene Ordnung als Maßstab sittlichen Handelns *(secundum naturam vivere)*
- Ziel: Allgemeinwohl
- Wurzeln in der sophistischen Unterscheidung zwischen
  - dem von Natur aus Gerechten und
  - dem Gerechten aufgrund menschlicher Rechtssetzung
- Lehre vom **sittlichen Naturgesetz** nach Thomas von Aquin:
  - sittliches Naturgesetz *(lex naturalis)* als Teil des vorgegebenen ewigen Gesetzes *(lex aeterna)*
  - Konstitution der *lex naturalis* durch die Vernunft, d. h.: *lex naturalis* ist zwar vorgegeben, wird aber erst durch die Vernunft wirksam – mit den Worten von Thomas von Aquin: sittliches Naturgesetz als „die Teilhabe der vernunftbegabten Geschöpfe am ewigen Gesetz Gottes"
  - Umfang der *lex naturalis:* oberste Prinzipien, aus denen die konkreten Normen *(lex humana)* hergeleitet werden müssen
- biblische Begründung: Röm 2,14–16

- kritische Würdigung:
  - pro: Nichtbeliebigkeit des sittlichen Anspruchs; Naturrecht als Grundlage von Menschenrechten (z. B. Freiheit und Gleichheit als etwas Ursprüngliches: angeboren, in der Würde des Menschen begründet, unveräußerlich, nicht an bestimmte Räume und Zeiten gebunden und damit auch, anders als das positive Recht, unabhängig von einem Gesetzgeber und in seinem Geltungsbereich uneingeschränkt gültig).
  - kontra: Verlust der weltanschaulichen Voraussetzungen in Bezug auf die Vorstellung eines geordneten Kosmos; geschichtliche Bedingtheit der menschlichen Erkenntnis; Gefahr eines naturalistischen Fehlschlusses vom Sein auf ein Sollen

Der Rechtspositivismus

- rechtstheoretische Auffassung
- Ausgangspunkt: **Trennungsthese**, d. h.: Recht und Moral als zwei voneinander unabhängige Wertsysteme; damit Gegenentwurf zur naturrechtlichen Vorstellung vom sittlichen Naturgesetz
- Ziel: Rechtssicherheit
- Prinzip: **positives Recht** (geltendes Recht) als Maßstab
- Kritik: Unrecht in Gesetzesform (z. B. zur Zeit des Nationalsozialismus)

Ethik der Verantwortung

- Begründer: Hans Jonas (1903–1993)
- Ziel: Bewahrung der Schöpfung; Fortbestand der Menschheit
- Ausgangspunkt: die neue Dimension der Verantwortung angesichts des technischen bzw. wissenschaftlichen Fortschritts und seiner Reichweite in zeitlicher und räumlicher Hinsicht (z. B. Auswirkungen von CO_2 auf das Klima)
- Menschenbild: der Mensch in seiner ambivalenten Rolle als „endgültig entfesselter Prometheus"

- Prinzip: **Imperativ der Verantwortung**

> Handle so, dass die Wirkungen deiner Handlung mit der Permanenz (Fortdauer) menschenwürdigen Lebens verträglich sind.
>
> - Verbindung von Kants **kategorischem Imperativ** mit dem **Konsequenzprinzip** (durch Berücksichtigung von Handlungsfolgen)
> - Überwindung der traditionellen Anthropozentrik ethischer Entwürfe durch **Orientierung des Handelns an seinen Folgen für Mensch *und* Natur**
> - Erweiterung der herkömmlichen Nahethik zu einer **Fernethik**

- handlungsleitende Kernelemente:
  - Pflicht zum **Wissen** und zur Entwicklung von Vorstellungen über die Fernwirkungen von Handlungen
  - **Vorrang der Unheilsprognose** vor der Heilsprognose, d. h.: Handlungsverzicht in Zweifelsfällen
- kritische Würdigung:
  - pro: Generationengerechtigkeit; trägt den tiefgreifenden Veränderungen durch den technischen Fortschritt Rechnung
  - kontra: langfristige Folgen teils nur schwer abzusehen; setzt hohes Maß an Kenntnissen bzw. Reflexion voraus und daher nur in begrenztem Maß „praxistauglich"

1.4 Güterabwägung

In vielen ethischen Entscheidungssituationen konkurrieren Güter miteinander und gegebenenfalls lässt sich das Gute nur durch Inkaufnahme von Übeln verwirklichen. Um in einem solchen moralischen Dilemma eine verantwortete Entscheidung zu treffen, bedarf es der ethischen Methode der Güterabwägung unter Berücksichtigung

- der **Rangordnung und Dringlichkeit** der konkurrierenden Güter und Werte,
- des Verhältnisses zwischen **Eigenwohl und Gemeinwohl** sowie
- der **Folgen**, die eine Handlung oder Unterlassung nach sich zieht.

2 Quellen christlicher Ethik

2.1 Das Ethos der Bibel

Die Heilige Schrift enthält vielfältige ethische Weisungen:

- angefangen bei den Geboten des **Dekalogs**
- über die ethischen Forderungen der **Propheten** und der Weisheits-literatur
- bis hin zur sog. **Bergpredigt** Jesu (vgl. dazu 2.2 im Kapitel „Jesus Christus", S. 50 ff.).

In der christlichen Ethik hat die Orientierung am biblischen Ethos tra-ditionell einen hohen Stellenwert. Dabei ist zu beachten, dass die Bibel **kein systematisches ethisches Kompendium** darstellt und ihre konkreten Weisungen **geschichtlich bzw. kulturell gefärbt** sind. Die ethischen Impulse aus der Bibel können deshalb keine unmittelbaren Lösungen für sittliche Herausforderungen von heute bieten, aber gleichwohl **ethische Horizonte für ein Handeln in der Nachfolge Christi unter den Bedingungen unserer Zeit** eröffnen. Dazu bedarf es zweierlei:

(1) Verständnis der biblischen Texte und
(2) Kenntnis aktueller Probleme.

Der Dekalog

- griech. *dekálogos:* Zehnwort
- alttestamentliches „Grundgesetz" zum Verhalten gegenüber Gott und den Mitmenschen
- historische Bedeutung: Sichern der **jüdischen Identität** in einem polytheistischen Umfeld
- ethische Relevanz: verantwortliches Handeln als **Antwort auf die von Gott geschenkte Freiheit**

Erinnerung an das Geschenk der Freiheit: „Ich bin der HERR, dein Gott, der dich aus dem Land Ägypten geführt hat, aus dem Sklavenhaus." (Ex 20,2)

Antwort des Menschen in der …

Beziehung zu Gott

1. Du sollst keine anderen Götter neben mir haben!
2. Du sollst den Namen Gottes nicht missbrauchen!
3. Du sollst den Sabbat heiligen!

Beziehung zu den Mitmenschen

4. Du sollst Vater und Mutter ehren!
5. Du sollst nicht töten!
6. Du sollst nicht ehebrechen!
7. Du sollst nicht stehlen!
8. Du sollst nicht falsches Zeugnis geben wider deinen Nächsten!
9. Du sollst nicht begehren deines Nächsten Frau!
10. Du sollst nicht begehren deines Nächsten Hab und Gut!

Die Propheten

- Kennzeichen des Wirkens: Worte und Zeichenhandlungen, um als **„Sprachrohr Gottes"** den göttlichen Willen zu verkünden

- Anprangern religiöser, politischer und sozialer Missstände

- Aufruf zur **Umkehr**, also zur Rückkehr zum Jahwe-Bund

- Änderung der gegenwärtigen Verhältnisse im Fokus (keine Wahrsagerei), hierzu aber Ausblick in die Zukunft (**Drohung/Verheißung**)

- ethische Relevanz: prophetisches Wirken als biblischer Impuls für den **Einsatz für Gerechtigkeit**; Verknüpfung von Gottesliebe mit praktizierter Mitmenschlichkeit

Am Wirken des Propheten **Amos** wird beispielhaft deutlich, wie die Liebe Gottes ihren Ausdruck in der Liebe zu den Mitmenschen findet. Im 8. Jh. v. Chr. wanderte der Hirte und Maulbeerfeigenpflanzer von Juda (Südreich) nach Israel (Nordreich), um dort seine prophetische Botschaft zu verkünden. Das Nordreich erlebte unter der Herrschaft Jerobeams II. eine kulturelle Blüte.

```
                        Amos kritisiert …

• die heuchlerische und                    • die wachsende soziale
  auf den Kult                               Kluft zwischen Armen
  beschränkte Verehrung                      und Reichen,
  Gottes,                                   • die Bestechlichkeit der
                                             Richter,
                                           • die Ausbeutung und
                                             Unterdrückung der
                                             Schwachen.


           ↓                                         ↓

        Kultkritik                              Sozialkritik
```

2.2 Kirchliche Tradition und Lehramt

Neben der göttlichen Offenbarung im Zeugnis der Heiligen Schrift
fungiert seit jeher die **kirchliche Tradition** (z. B. die überlieferte Glau-
benspraxis der Kirche) als weitere Quelle der Moral (vgl. 1 Kor 11,2).
Dabei besteht ein gegenseitiges Abhängigkeitsverhältnis zwischen
Schrift und Tradition:

• Tradition als Voraussetzung für die Überlieferung der Schrift

• und umgekehrt Schrift als Anhaltspunkt der Tradition.

Hinzu tritt als dritte Erkenntnisquelle der Moral das **kirchliche Lehr-
amt**. Die Autorität des Lehramts in Fragen des Glaubens *und* der Sitten
ergibt sich aus dem für das katholische Glaubensverständnis prägen-
den Zusammenhang zwischen Christsein und Zugehörigkeit zur Kirche,
die in einer einheitlichen Lebenspraxis aus dem Glauben sichtbar wird.

Ungeachtet dessen bildet **das Gewissen** die letzte maßgebliche Norm
der Sittlichkeit.

*Wie das Naturgesetz selbst und jede praktische Erkenntnis, hat auch das
Urteil des Gewissens befehlenden Charakter: Der Mensch soll in Überein-
stimmung mit ihm handeln. Wenn der Mensch gegen dieses Urteil handelt
oder auch wenn er bei fehlender Sicherheit über die Richtigkeit und Güte
eines bestimmten Aktes diesen dennoch ausführt, wird er vom eigenen Gewissen, das die letzte maßgebliche Norm der persönlichen Sittlichkeit ist,
verurteilt.* (Artikel 60 der Moralenzyklika „Veritatis splendor")

Zusammenfassend kann man festhalten, dass aus katholischer Sicht ganz unterschiedliche Instanzen in der Frage nach verantwortungsvollem Handeln eine Rolle spielen.

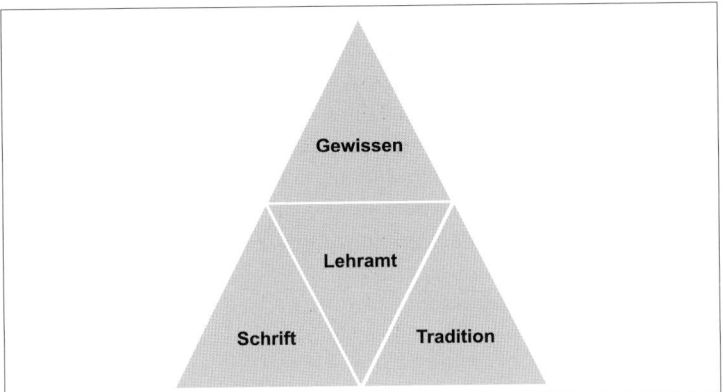

3 Katholische Soziallehre

3.1 Gegenstand und Geschichte

Die katholische Soziallehre entstand auf der Suche nach einer Lösung für die sog. **Soziale Frage im 19. Jahrhundert**. In einem längeren Lernprozess kristallisierte sich heraus, dass strukturelle Probleme wie das Elend der Arbeiter individualethisch nicht zu lösen sind. Durch karitative Fürsorge ließ sich die Not der Arbeiter zwar lindern, aber nicht beseitigen. Immer deutlicher wurde, dass soziale *Struktur*probleme der Verfügungsmacht des Einzelnen entzogen sind und daher einen *struktur*ethischen Ansatz erfordern. Im Mittelpunkt der katholischen Soziallehre steht deshalb anders als in der traditionellen Moraltheologie nicht das Handeln des Einzelnen, sondern **die Gesellschaft mit ihren sozialen Strukturen**.

Niedergelegt ist die katholische Soziallehre insbesondere in den **Sozialenzykliken** (päpstliche Rundschreiben, die sich inhaltlich sozialethischen Fragestellungen widmen).

- Vorreiter der katholischen Sozialverkündigung war der Bischof und Politiker **Wilhelm Emmanuel von Ketteler** (1811–1877) mit seinen Adventspredigten über „Die großen sozialen Fragen der Gegenwart" im Mainzer Dom (1848).

- Die erste Sozialenzyklika erschien 1891 unter dem Titel „Rerum novarum". Darin setzt sich **Papst Leo XIII.** vor dem Hintergrund der Sozialen Frage mit den Gefahren des liberalen Kapitalismus und des marxistischen Sozialismus auseinander. Er verweist auf das verbreitete Elend der Arbeiter, spricht sich aber gegen den Klassenkampf aus und fordert stattdessen die Zusammenarbeit von Arbeitgebern und Arbeitnehmern. Zudem anerkennt Leo XIII. das Recht auf Privateigentum, um gleichzeitig aber dessen soziale Funktion zu betonen. Nicht zuletzt drängt der Papst in der Enzyklika auf gerechte Löhne und den staatlichen Schutz für Arbeitnehmer.

3.2 Sozialprinzipien

Sozialprinzipien sind **oberste sittliche Grundsätze für die Organisation des Zusammenlebens in Gesellschaft und Staat** bei Orientierung am Maßstab der sozialen Gerechtigkeit. Sie basieren auf dem christlichen Menschenbild, wonach der Mensch als Bild Gottes

- einerseits eine unantastbare, eigenverantwortliche Einzelperson (**Individualnatur**) darstellt und

- andererseits auf die menschliche Gemeinschaft (z. B. in Form der Familie) existenziell verwiesen (**Sozialnatur**) ist.

Dementsprechend werden weder Individualismus noch Kollektivismus dem Wesen des Menschen gerecht:

Individualismus als einseitige Betonung der Individualnatur des Menschen auf Kosten der Sozialnatur	**Kollektivismus** als einseitige Betonung der Sozialnatur des Menschen auf Kosten seiner Individualnatur
Gefahr: rücksichtsloser Kampf aller gegen alle, bei dem sich der Stärkere durchsetzt und der Schwächere auf der Strecke bleibt	Gefahr: Herabwürdigung des Menschen zum Mittel gesellschaftlicher Zwecke und damit Verlust seines Eigenwerts

Dagegen verfolgt die katholische Soziallehre einen „Dritten Weg", der

1. vom **Personalitätsprinzip** ausgeht und damit die Person mit ihren zwei Naturen zum Maßstab der politisch-ökonomischen Verfassung der Gesellschaft und ihrer Organisation in funktionalen Teilsystemen (z. B. Wirtschaft, Bildung) macht,

2. mit dem **Solidaritätsprinzip** dem Individualismus Grenzen setzt und

3. sich mit dem **Subsidiaritätsprinzip** gegen den Kollektivismus wendet.

	Personalität	Solidarität	Subsidiarität
Grundsatz	Vorrang der Person vor der Gesellschaft	einer für alle, alle für einen	Hilfe (so viel wie nötig) zur Selbsthilfe (so viel wie möglich)
biblische Begründung	Würde des Menschen als Bild Gottes	Gebot der Gottes- und Nächstenliebe	Teilhabe des Menschen am Schöpfungsauftrag Gottes
Beispiel	Selbstbestimmungs- und Freiheitsrechte, z. B. freie Berufswahl	Krankenversicherung	BAföG

Heute erweitern einige Sozialethiker die klassische Trias der Sozialprinzipien um das Prinzip der **Nachhaltigkeit:**

- Hintergrund: Rückkehr der Sozialen Frage des 19. Jahrhunderts als Umweltfrage (vgl. neue Armut und Veränderung von Lebensräumen durch den Klimawandel) sowie der Versuch, zukünftige Generationen in die christliche Gesellschaftslehre einzubeziehen

- Ausgangspunkt: keine hinreichende Antwort auf ökologische Herausforderungen durch die auf den zwischenmenschlichen Bereich bezogenen drei klassischen Sozialprinzipien der Personalität, Solidarität und Subsidiarität

- biblische Begründung: Schöpfungsglaube

- Chancen: globale und intergenerationelle Gerechtigkeit

Manche Sozialethiker zählen zu den Sozialprinzipien darüber hinaus

- **Gerechtigkeit** als übergreifendes soziales Prinzip und
- **Gemeinwohl**, wonach das Wohl des Einzelnen dem Gemeinwohl unterzuordnen ist.

3.3 Der sozialethische Dreischritt: sehen, urteilen, handeln

Methodisch folgt die christliche Sozialethik spätestens seit der Sozialenzyklika „Mater et Magistra" von Papst Johannes XXIII. aus dem Jahr 1961 dem **Dreischritt sehen, urteilen, handeln.**

Situationsanalyse unter Zuhilfenahme sozialwissenschaftlicher Methoden

Interpretation der sozialen Lage im Lichte des Evangeliums und der katholischen Soziallehre

Entwicklung von Handlungsoptionen und praktische Umsetzung

Kirche

1 Jesus und die Kirche

Die Haltung „Jesus ja – Kirche nein" ist heute weit verbreitet. Anders als Kritik an einzelnen Erscheinungsformen von Kirche (wie z. B. der Vorwurf der Rückständigkeit) geht sie mit einer grundsätzlichen Infragestellung der Kirche einher, insofern als die Notwendigkeit einer kirchlichen Verfasstheit des Glaubens in Zweifel gezogen wird.

1.1 Kirchengründung durch den historischen Jesus?

Ursprünglich stellten sich der (Fundamental-)Theologie **zwei Aufgaben bei der Frage nach der Begründung von Kirche:**

- die Notwendigkeit von Kirche zu beweisen und

- die römisch-katholische Kirche als einzig legitime Kirche Jesu Christi zu verteidigen.

Die Beweisführung erfolgte traditionell auf dreierlei Wegen:

- *Via historica:* Beweis der Kirchenstiftung durch Jesus und der Identität der römisch-katholischen Kirche mit der von Jesus gestifteten Kirche (z. B. unter Verweis auf die ungebrochene apostolische Sukzession der Bischöfe)
  Einwände:
  1. **Jesu Naherwartung** (vgl. seine Botschaft vom anbrechenden Reich Gottes) passt nicht zur Stiftung einer auf Dauer und Beständigkeit angelegten Kirche.
  2. Jesu Verkündigung richtet sich an Israel und zielt auf die **Erneuerung des alten Bundesvolkes** (vgl. die Berufung des Zwölferkreises als Symbol für die zwölf Stämme Israels), was gegen die Absicht einer Kirchenstiftung spricht.
  3. Die **Worte über Petrus als Fels der Kirche in Mt 16,18** gehen als redaktionelle Ergänzung des Matthäus-Evangelisten (Mt-

Sondergut) mit hoher Wahrscheinlichkeit nicht auf ein authentisches Jesus-Wort zurück und sind damit kein Beweis für eine Kirchengründung durch Jesus.

4. Die Behauptung der historischen Kontinuität ist angesichts von **Veränderungen in der Lehre und Verfassung der Kirche** problematisch.

• *Via notarum:* Nachweis der wahren Kirche Christi anhand von untrüglichen Wesensmerkmalen (nämlich die vier im Nicäno-Konstantinopolitanischen Glaubensbekenntnis genannten Kennzeichen der Einheit, Heiligkeit, Katholizität und Apostolizität)
  Einwand: Beweiskraft nur aus dem Glauben heraus

Die vier Wesensmerkmale der wahren Kirche Christi		Verwirklichung in der römisch-katholischen Kirche
Einheit	→	vereint unter der Leitung des Papstes
Heiligkeit	→	moralische und spirituelle Ausstrahlung
Katholizität	→	im Besitz aller Heilmittel; weltumspannend
Apostolizität	→	ungebrochene apostolische Sukzession der Bischöfe

• *Via empirica:* Aufweis der Gottgewolltheit der römisch-katholischen Kirche anhand wunderbarer Zeichen in der Kirchengeschichte (z. B. die rasante Ausbreitung der Kirche) als unwiderlegbare Zeugnisse ihrer göttlichen Sendung
  Einwand: Kreuzzüge, Hexenverfolgung, Inquisition etc.

1.2 Neuer Ansatz: Ursprung der Kirche im Christusereignis

Die Einwände gegen die traditionelle Beweisführung zur Begründung der Kirche machen einen Neuansatz notwendig. Im Zentrum steht die Frage: **Wie lässt sich die Entstehung der Kirche auf Jesus zurückführen, wenn sich kein Gründungsakt und keine Stiftungsintention ausmachen lassen?**

Kirche im Werden

Der historische Jesus hat mit hoher Wahrscheinlichkeit zwar keine Kirche gegründet, aber durch seine Botschaft und sein Wirken das Fundament für die Entstehung der Kirche gelegt.

- **Ostererfahrung als entscheidender Wendepunkt:** Auferweckung als Bestätigung des vorösterlichen Anspruchs Jesu sowie Anlass für die erneute Sammlung der Jünger und den Beginn der Verkündigung des Evangeliums

- Ablehnung der Botschaft Jesu durch Israel und damit einhergehende Loslösung der Urchristen von ihrem jüdischen Umfeld als erste Voraussetzung für die **Bildung einer von Israel getrennten Gemeinde** bzw. Kirche

- Ausbleiben der Wiederkunft Christi als Grund für die **Entwicklung der kirchlichen Verfassung**

Die funktional-sakramentale Begründung der Kirche

Das faktische Entstehen der Kirche besagt noch nichts über ihre Notwendigkeit. Richtungsweisend für die Legitimation der kirchlichen Verfasstheit wurde das **Zweite Vatikanische Konzil** mit seinem Verständnis der **Kirche als Sakrament des Heils.** So heißt es im ersten Artikel der dogmatischen Konstitution über die Kirche mit dem Titel „Lumen gentium":

Die Kirche ist ja in Christus gleichsam das Sakrament, das heißt Zeichen und Werkzeug für die innigste Vereinigung mit Gott wie für die Einheit der ganzen Menschheit.   *(Lumen gentium 1)*

Die Notwendigkeit der Kirche resultiert demnach aus ihrer **Aufgabe bzw. Funktion, Zeichen und Werkzeug des durch Leben, Tod und Auferweckung Jesu eröffneten Heils zu sein.**

2 Das Wesen der Kirche

2.1 Kirche als Grundsakrament

Das Zweite Vatikanische Konzil hat den Begriff „Sakrament" zur Bezeichnung der Kirche wieder gezielt in die Ekklesiologie (Lehre von der Kirche) eingeführt, um das **Wesen der Kirche als sichtbares Zeichen für das unsichtbare Wirken Gottes** herauszustellen. Dabei gilt:

1. Kirche ist nur von Christus her zu verstehen und **ganz auf Christus bezogen:** Sie gründet in seinem Leben, Sterben und Auferstehen.

2. Die Kirche als Sakrament **bezeichnet nicht nur das Heil, sondern vergegenwärtigt und bewirkt das Heil** (sog. Realsymbol) in den kirchlichen Lebensvollzügen (vgl. dazu 2.2, S. 95), ohne damit identisch zu sein.

3. Kirche ist **nicht das Heil als solches**, sondern dessen vorläufige Ausdrucksgestalt und Vermittlungsform. Mit anderen Worten: In der Kirche begegnet uns das von Gott in Christus geschenkte Heil in menschlicher, unvollkommener Weise und wird mitunter verhüllt.

4. Als sakramentales Heilszeichen ist die Kirche **kein Selbstzweck, sondern sie dient dem Heil** und muss sich folglich daran messen lassen, ob sie der Botschaft Jesu vom Reich Gottes gerecht wird.

Zur begrifflichen Verdeutlichung des qualitativen Unterschieds zwischen Jesus Christus und der Kirche hat sich folgende Sprachregelung eingebürgert:

- **Christus als Ur-Sakrament:** In einmaliger und unüberbietbarer Weise hat Gott durch Jesus Christus inmitten der Menschen gewirkt. Er ist das Sakrament schlechthin. Alle anderen Sakramente sind von Christus herzuleiten.

- **Kirche als Grundsakrament:** Durch sie und in ihr wirkt Gottes Heil in Jesus Christus durch den Heiligen Geist fort.

2.2 Grunddienste der Kirche

Die Kirche als sakramentales Heilszeichen steht nach dem Zweiten Vatikanischen Konzil ganz im Dienst der Menschen, der näher bestimmt wird als

- Verkündigungsdienst *(martyria)*,
- Gottesdienst *(leiturgia)* und
- Geschwisterdienst bzw. Dienst am Nächsten *(diakonia)*.

Liturgie
(z. B. Feier der
Sakramente, Gebet)

Verkündigung
(z. B. Predigt,
Religionsunterricht)

Diakonie
(z. B. Seelsorge,
Entwicklungshilfe,
Hospizarbeit)

Tod und Auferstehung Jesu bezeugen, das Geheimnis Gottes feiern und für andere da sein – daraus erwächst die Gemeinschaft der Getauften *(koinonia* bzw. *communio)*. So verdeutlichen die genannten Grunddienste, was Kirche ausmacht. Sie dienen als Maßstab und Richtschnur kirchlichen Handelns.

2.3 Die Einzelsakramente als aktualisierende Vollzüge des Grundsakraments Kirche

Insbesondere vollzieht sich das sakramentale Wesen der Kirche in den **sieben Einzelsakramenten** als Zeichen der Liebe und Nähe Gottes zu den Menschen: Taufe, Firmung, Eucharistie, Beichte, Krankensalbung, Weihesakramente und das Sakrament der Ehe.

Sakrament / Bedeutung	Wort	Handlung	Spender (S) und Empfänger/-in (E)	Empfang
Taufe (Sakrament der Neugeburt als Kind Gottes)	N., ich taufe dich im Namen des Vaters und des Sohnes und des Heiligen Geistes.	Übergießen mit Wasser oder Eintauchen in Wasser	• S: Bischof, Priester oder Diakon; im Notfall: jedermann in der rechten Gesinnung • E: jeder Mensch, der noch nicht getauft ist	einmalig
Firmung (Sakrament der Stärkung und Vollendung der Taufe)	N., sei besiegelt durch die Gabe Gottes, den Heiligen Geist.	Handauflegung und Salbung der Stirn mit Chrisam	• S: Bischof (oder ein von ihm Beauftragter) • E: jeder Katholik / jede Katholikin im Stand der Gnade	einmalig
Eucharistie (Sakrament der lebendigen Gegenwart Gottes)	Das ist mein Leib, der für euch hingegeben wird. – Nehmet und trinket alle daraus: Das ist der Kelch des neuen und ewigen Bundes, mein Blut, das für euch und für alle vergossen wird zur Vergebung der Sünden. Tut dies zu meinem Gedächtnis.	Wandlung von Brot und Wein	• S: Bischof oder Priester • E: jeder Katholik / jede Katholikin im Stand der Gnade	mehrfach

Beichte (Sakrament der Vergebung und Versöhnung)	Gott, der barmherzige Vater, hat durch den Tod und die Auferstehung seines Sohnes die Welt mit sich versöhnt und den Heiligen Geist gesandt zur Vergebung der Sünden. Durch den Dienst der Kirche schenke er dir Verzeihung und Frieden. So spreche ich dich los von deinen Sünden im Namen des Vaters und des Sohnes und des Heiligen Geistes.	Ausdruck der Reue im Sündenbekenntnis des Beichtenden; Ausstrecken der Hände des Beichtvaters über das Haupt des Gläubigen, Kreuzzeichen	• S: Bischof oder Priester • E: jeder Katholik / jede Katholikin	mehrfach
Krankensalbung (Sakrament der Heilung)	Durch diese heilige Salbung helfe dir der Herr in seinem reichen Erbarmen, er stehe dir bei mit der Kraft des Heiligen Geistes. Der Herr, der dich von Sünden befreit, rette dich, in seiner Gnade richte er dich auf.	Salbung von Stirn und Händen mit Öl	• S: Bischof oder Priester • E: jeder Katholik / jede Katholikin	mehrfach
Weihe (Sakrament der Nachfolge)	Weihegebet	Handauflegung	• S: Bischof • E: katholische Männer	einmalig
Ehe (Sakrament der Gegenwart Gottes in der Liebe zwischen Mann und Frau)	N., ich nehme dich an als meine Frau / meinen Mann und verspreche dir die Treue in guten und in bösen Tagen, in Gesundheit und Krankheit. Ich will dich lieben, achten und ehren, solange ich lebe.	Erklärung des Ehewillens, Anstecken des Rings an die Hand des Partners	• S/E: jeder der beiden Ehepartner jeweils für den anderen	einmalig

Die **Siebenzahl der Sakramente** wurde 1547 auf dem **Konzil von Trient** lehramtlich festgelegt. Die Konzilsväter reagierten damit auf die Infragestellung der kirchlichen Sakramentenpraxis durch Reformatoren wie Martin Luther, demzufolge sich nur zwei Sakramente (Taufe und Abendmahl; unter Berücksichtigung der Absolution allenfalls drei) auf ein Verheißungswort Jesu Christi in Verbindung mit einem sichtbaren Zeichen zurückführen ließen. Dagegen hielten die Konzilsväter unter Berufung auf eine Einsetzung durch Jesus Christus am siebenfachen Sakramentenspektrum fest.

Wie sich die Einsetzung durch Jesus Christus verstehen lässt, zeigt Karl Rahner (1904–1984). Er wusste, dass eine Stiftung der Sakramente durch den historischen Jesus – abgesehen von Taufe und Eucharistie – nach einhelliger Meinung der Bibelwissenschaften unwahrscheinlich ist. Rahner ging daher vom Wesen der Kirche als Grundsakrament aus. Die Einzelsakramente als kirchliche Grundvollzüge sind **mittelbar von Christus eingesetzt**, weil und insofern als die Kirche von Christus kommt. Mit anderen Worten: Christus hat die Einzelsakramente gestiftet, indem er die Kirche als Grundsakrament gestiftet hat.

Die Siebenzahl lässt sich dann

- entweder **anthropologisch** als Heilzusage Gottes an existenziell grundlegenden Momenten des menschlichen Lebens (sog. Knotenpunkte)

- oder **sinnbildlich** als Symbol der Ganzheit des Göttlichen (der dreieine Gott) und des Geschöpflichen (vier Himmelsrichtungen/Elemente/Jahreszeiten)

deuten.

2.4 Kirche in Bildern

Neben der Rede vom (Grund-)**Sakrament** verwendet das Zweite Vatikanische Konzil zwei weitere Schlüsselbegriffe zur Bezeichnung der Kirche:

1. die Gemeinschaft bzw. *communio*
   - Verständnis der Kirche als Gemeinschaft der Gläubigen mit Christus und untereinander, die in der Eucharistiegemeinschaft gründet und aus ihr lebt
   - Einheit der Kirche in der Vielfalt der Ortskirchen (vs. Gleichförmigkeit und Zentralismus)
   - Betonung der wechselseitigen Verwiesenheit der unterschiedlichen Dienste von Laien und Klerus, Ortskirchen und Universalkirche

2. das **Volk Gottes**
   - Verweis auf die vollständige Abhängigkeit der Kirche von Gott
   - heilsgeschichtliche Rückbindung der Kirche an das Gottesvolk Israel
   - Betonung der Gleichrangigkeit aller Gläubigen
   - Darstellung der Kirche als geschichtliche Größe auf dem Pilgerweg durch die Zeiten (ähnlich wie das Volk Israel während seiner Wanderung durch die Wüste), damit kein statisches, übernatürliches Gebilde

Die Heilige Schrift kennt darüber hinaus weitere Bilder, die das Geheimnis der Kirche zum Ausdruck bringen, z. B.

- die paulinische **Metapher von der Kirche als Leib Christi** (vgl. 1 Kor 12,12 ff.) als Mahnung zur Einheit in Vielfalt und zum rechten Miteinander in der Gemeinde oder

- die johanneische **Bildrede vom Weinstock und den Reben** (vgl. Joh 15,1–8) als Verweis auf die enge Bindung der Glaubenden an Christus als Lebensprinzip der Kirche.

3 Verhältnis der Kirche zur Welt

3.1 Verhältnis zu den nicht christlichen Religionsgemeinschaften

Stark vereinfacht gibt es drei verschiedene religionstheologische Optionen bei der Antwort auf die Frage nach dem Verhältnis zwischen Christentum und nicht christlichen Religionen.

- **Exklusivismus:** Christentum als ausschließliche Heilsquelle; alle anderen Religionen im Unheil ↔ Einwand: allgemeiner Heilswille Gottes (vgl. 1 Tim 2,4–7), mangelnde Dialogfähigkeit von einem exklusivistischen Standpunkt aus

- **Inklusivismus:** Christentum als unüberbietbarer Heilsweg bei gleichzeitiger Anerkennung von Elementen des Heils in anderen religiösen Traditionen

- **Pluralismus:** verschiedene religiöse Traditionen als grundsätzlich gleichwertige Antworten auf die Erfahrung bzw. Offenbarung der einen transzendenten Wirklichkeit. Kritik angesichts des Problems divergierender Wahrheitsansprüche (z. B. Monotheismus vs. Polytheismus)

	R_1	R_2	R_3
Exklusivismus	●	○	○
Inklusivismus	●	◐	◐
Pluralismus	●	●	●

Legende: ● Heil/Wahrheit, ◐ Elemente von Heil/Wahrheit
○ keine Elemente von Heil/Wahrheit
R = Religion

Leicht verändert nach Perry Schmidt-Leukel, Grundkurs Fundamentaltheologie. Eine Einführung in die Grundfragen des christlichen Glaubens, München 1999, 185.

In der römisch-katholischen Kirche bildet der religionstheologische **Inklusivismus seit dem Zweiten Vatikanischen Konzil die offizielle Haltung.** So heißt es im zweiten Artikel der Erklärung über das Verhältnis der Kirche zu den nichtchristlichen Religionen mit dem Titel „Nostra aetate":

> *[Die] in der ganzen Welt verbreiteten Religionen [sind] bemüht, der Unruhe des menschlichen Herzens auf verschiedene Weise zu begegnen, indem sie Wege weisen: Lehren und Lebensregeln sowie auch heilige Riten.*
> *Die katholische Kirche lehnt nichts von alledem ab, was in diesen Religionen wahr und heilig ist. Mit aufrichtigem Ernst betrachtet sie jene Handlungs- und Lebensweisen, jene Vorschriften und Lehren, die zwar in manchem von dem abweichen, was sie selber für wahr hält und lehrt, doch nicht selten einen Strahl jener Wahrheit erkennen lassen, die alle Menschen erleuchtet. Unablässig aber verkündet sie und muss sie verkündigen Christus, der ist „der Weg, die Wahrheit und das Leben" (Joh 14,6), in dem die Menschen die Fülle des religiösen Lebens finden, in dem Gott alles mit sich versöhnt hat.* (Nostra aetate 2)

Mit dieser Erklärung haben die Konzilsväter die traditionelle Lehrmeinung korrigiert, wonach es außerhalb der Kirche kein Heil gebe (Kurzformel: *Extra ecclesiam nulla salus;* vgl. z. B. das Konzil von Florenz, 1442), und erstmals in der Geschichte gnadenhafte Elemente in anderen Religionen positiv gewürdigt. Damit markiert das Zweite Vatikanische Konzil einen **Wendepunkt im interreligiösen Dialog.**

3.2 Verhältnis zu den anderen christlichen Kirchen

Das Zweite Vatikanische Konzil bestimmte im Dekret über den Ökumenismus „Unitatis Redintegratio" auch das Verhältnis zu den anderen christlichen Kirchen neu und setzte sich in diesem Zusammenhang die **Wiederherstellung der Einheit aller Christen** zum Ziel. Damit machte sich die katholische Kirche die **ökumenische Bewegung** zu eigen, die Anfang des 20. Jahrhunderts aus den protestantischen Kirchen hervorgegangen war und der sie zunächst ablehnend gegenüberstand (vgl. das Verbot jeglicher Mitarbeit von Katholiken an der ökumenischen Bewegung durch die Enzyklika „Mortalium animos", 1928).

traditionelle Lehre	ökumenischer Aufbruch
• exklusive Identität der wahren Kirche Jesu Christi mit der römisch-katholischen Kirche	• Verwirklichung der wahren Kirche Jesu Christi in der katholischen Kirche *(Lumen gentium 8)*, d. h.: keine strikte Gleichsetzung • Anerkennung von „Elementen oder Gütern, aus denen insgesamt die Kirche selbst erbaut und lebendig gemacht wird, auch außerhalb der sichtbaren Grenzen der katholischen Kirche" *(Unitatis redintegratio 3)*
• Kirchenspaltungen infolge des Irrtums der anderen	• Eingeständnis eigener Mitschuld an Spaltungen *(Unitatis redintegratio 3)*
• Rückkehr-Ökumene, d. h.: Überwindung der Kirchenspaltung nur durch Rückkehr der getrennten Christen in die Gemeinschaft mit und unter dem Papst	• Förderung der Wiederherstellung der Einheit als gemeinsame Aufgabe aller Christen *(Unitatis redintegratio 1)*
• Blick auf die Unterschiede (z. B. hinsichtlich des Ostertermins, der Sakramentenlehre, der bischöflichen Sukzession)	• Betonung der Gemeinsamkeiten (z. B. Glaube an den dreieinen Gott)

Theologische Begründung

Das Bemühen um die Einheit der Christen lässt sich biblisch begründen unter Verweis auf:

• das paulinische Verständnis der Kirche als **ein Leib Christi** (vgl. 1 Kor 12,12 ff.) und

• die Ermahnung zur Einheit im Sinne der **gemeinsamen Berufung** durch den einen Gott (z. B. Eph 4,3–6).

Darüber hinaus gilt **Einheit traditionell als kirchliches Wesensmerkmal** (neben Heiligkeit, Katholizität und Apostolizität) im Sinne des Nicäno-Konstantinopolitanischen Glaubensbekenntnisses.

Einheit in Vielfalt

Die Vielfalt und Verschiedenartigkeit der Kirchen und Konfessionen steht nicht von vornherein im Widerspruch zur Einheit der Kirche. Schon im Neuen Testament begegnet der eine Glaube in vielfältigen Ausdrucksformen, ohne beliebig zu sein. Einheit ist nicht gleichbedeutend mit Einförmigkeit bzw. Uniformität, sondern im Sinne der Fülle des Evangeliums seit jeher offen für Vielfalt.

Wie die Einheit aller Christen konkret sichtbar werden kann, zeigen folgende **Modelle:**

- **Aktionsgemeinschaft:** vorübergehende Verbindung unter Verzicht auf strukturelle Einheit und unter Wahrung der eigenen Identität, z. B. zum gemeinsamen Gebet

- **Föderative Kirchengemeinschaft:** Zusammenschluss von Kirchen und kirchlichen Gemeinschaften unter Beibehaltung der eigenen Identität und Bewahrung der Eigenständigkeit zu einem Bund bzw. Rat verschiedener Kirchen (ähnlich wie der Zusammenschluss souveräner Bundesländer zu einem Bundesstaat) zum Zwecke der Einheit durch Einigung

- **Organische Union:** Zusammenschluss der getrennten Kirchen zu einer völlig neuen Gemeinschaft mit einem gemeinsamen Glaubensbekenntnis, Sakramenten- und Amtsverständnis sowie einheitlicher organisatorischer Struktur

3.3 Verhältnis zur säkularen Welt

Grundformen im Verhältnis von Kirche und Staat

In seiner annähernd 2 000-jährigen Geschichte änderte sich nicht nur die Gestalt des Christentums, auch die politische Ordnung wurde von ganz unterschiedlichen Herrschaftsformen bestimmt – angefangen von der römischen Kaiserzeit bis hin zu den modernen Demokratien der Gegenwart. Wie sich Kirche und das politische System gegenüberstanden, musste immer wieder neu verhandelt werden. Grundsätzlich kann man vier Positionen im Verhältnis von Kirche und Staat unterscheiden.

Staatskirche	strikte Trennung von Kirche und Staat (Laizismus)
• Kirche, die einem Land oder Teilstaat angegliedert ist • per Gesetz zur offiziellen Religion eines Landes erhoben • Kirchenmitglieder im Genuss bestimmter Privilegien • Monarch eines Landes zugleich Oberhaupt der Kirche • Beispiel: Staatskirche in England (Church of England)	• Betonung der Volkssouveränität als alleinige Autorität • Kirchen in der Rolle eines privaten Vereins • keine Privilegien der Kirche innerhalb der staatlichen Ordnung (z. B. kein Religionsunterricht an öffentlichen Schulen) • Beispiel: Frankreich ab 1905
Kirchenstaat	**Kooperation zwischen Kirche und Staat**
• dominierende Rolle der Kirche in einem Staat • großer Einfluss der Kirche auf den politischen Bereich • Amtsträger der Kirche als weltliche Herrscher • Beispiel: Ausdehnung des Kirchenstaates unter Innozenz III. (1160–1216)	• grundsätzliche Trennung von Kirche und Staat, aber Zusammenarbeit auf diversen Gebieten • theologische Grundlage: Zwei-Reiche-Lehre von Augustinus (Staat und Kirche als gegenseitige Diener) • Beispiel: Verhältnis von kath. Kirche und der Bundesrepublik Deutschland

Katholische Kirche und moderner Verfassungsstaat

Die durch das Zweite Vatikanische Konzil eingeläutete Wende im Verhältnis der katholischen Kirche zur Welt betrifft nicht nur die nicht christlichen Religionen und anderen christlichen Kirchen, sondern auch den freiheitlichen Verfassungsstaat. So gilt die Erklärung über die Religionsfreiheit „Dignitatis humanae" als Meilenstein im Prozess der kirchlichen Annäherung an die Moderne.

vorkonziliar (d. h.: in der Zeit vor dem Konzil)	Brückenschlag zur Moderne auf dem Zweiten Vatikanischen Konzil
• Ablehnung der Religionsfreiheit und Verurteilung der Trennung von Kirche und Staat (vgl. die Enzyklika „Quanta cura", 1864)	• Bekenntnis zur Religionsfreiheit und zum liberalen Verfassungsstaat
• Abgrenzung nach außen	• dialogisches Verhältnis zur Welt

Das Verhältnis von Kirche und Staat in der Bundesrepublik Deutschland ist von folgenden Faktoren bestimmt (vgl. dazu 2.3 im Kapitel „Religion und Wirklichkeit", S. 6):

- rechtliche und organisatorische **Trennung** von Kirche und Staat
- **Neutralitätspflicht des Staates**, also keine Identifikation mit einer bestimmten Religion
- **Kooperation** bei gemeinsamen Angelegenheiten *(res mixtae):*
  Staat: Gewährung von Religionsunterricht an öffentlichen Schulen, Einzug der Kirchensteuer durch Finanzämter
  Kirche: Seelsorge in öffentlichen Einrichtungen (z. B. Krankenhäuser, Gefängnisse), Hineinwirken in den sozialen Bereich durch kirchliche Wohlfahrtsverbände (z. B. Caritas)

Zukunft

1 Perspektiven für die Zukunft

1.1 Zukunftsvisionen zwischen Paradies und Albtraum: Utopien und Dystopien

1516 verfasste der englische Staatsmann und Humanist Thomas Morus nach dem antiken Vorbild von Platons „Politeia" den Roman „Utopia" (griech. *ou tópos:* Nicht-Ort, nirgendwo).

- Rahmenhandlung: Unterhaltung zwischen dem Ich-Erzähler in der Person des Thomas Morus, einem Freund aus Antwerpen und einem weit gereisten Seefahrer, der eine Weile auf der Insel „Utopia" gelebt hat und nun in die Heimat zurückgekehrt ist

- Erster Teil: Kritik an der englischen Gesellschaft im 16. Jahrhundert (z. B. im Blick auf soziale Ungleichheit und Missbrauch von Privateigentum durch den Adel)

- Zweiter Teil: Präsentation eines Gegenentwurfs im Reisebericht des Seefahrers anhand der Schilderung des idealen Staats der Utopier (auf der Basis von Demokratie, Gleichheit und Gemeinbesitz)

Der Roman wurde namensgebend für die literarische Gattung der **Utopie:** der in gesellschaftskritischer Absicht erfolgende Entwurf einer besseren Gesellschaft bzw. eines idealen Staatswesens als Gegenbild zur bestehenden Realität. Die Geschichte der Utopie lässt sich wie folgt grob nachzeichnen:

- Frühe Neuzeit: in einem fiktiven fernen Land angesiedelte **Raumutopien**, z. B. Tommaso Campanellas „La Città del sole" (1602; dt.: „Sonnenstadt")

- 18./19. Jahrhundert: in die Zukunft gerichtete **Zeitutopien** vor dem Hintergrund eines optimistischen Fortschrittsglaubens, z. B. Louis-Sébastien Merciers „L'an 2440" (1770; dt.: „Das Jahr 2440")

- 20. Jahrhundert: **Dystopien** (auch: Anti-Utopien, schwarze Utopien) in Form von Schreckensvisionen angesichts der beiden Weltkriege und des mit den politischen Heilslehren des Nationalsozialismus und Kommunismus einhergegangenen Grauens, z. B. Warnung vor Totalitarismus und Entmenschlichung in Aldous Huxleys „Brave New World" (1932; dt.: „Schöne neue Welt") oder George Orwells „1984" (1949)

Utopisches Denken blieb nicht allein auf den Bereich der Literatur beschränkt, sondern spielte auch in der **Politik** eine Rolle, v. a. im **Sozialismus**. Nach dem Zusammenbruch der sozialistischen Systeme wurde deshalb das Ende der politischen Utopie verkündet. In der Tat ging die Umsetzung sozialer Utopien in politische Realität meist mit dem Anspruch auf Totalität einher. Damit ist aber nicht das utopische Denken als Ganzes entwertet. Es bleibt wichtig, wenn das Nachdenken über die Zukunft nicht auf Prognosen darüber verkürzt werden soll. Die Bewältigung der Problemlagen des 21. Jahrhunderts erfordert Fantasie – und die Utopie bietet diesen Freiraum.

1.2 Biblische Perspektiven für die Zukunft

Klagen angesichts gesellschaftlicher Missstände, Hoffnung auf den Anbruch einer Heilszeit und Weltuntergangsszenarien begegnen uns in Form von **Prophetie, Eschatologie und Apokalyptik** ebenfalls in der Bibel.

Der Begriff „**Eschatologie**" (von griech. *ta éschata:* die letzten Dinge) wurde im 19. Jahrhundert von Friedrich D. E. Schleiermacher in der Theologie etabliert und meint wörtlich die **Lehre von den letzten Dingen** (z. B. Auferstehung, Jüngstes Gericht). Heute findet der Terminus in der Bibelwissenschaft Anwendung, und zwar bezogen auf die **Erwartung einer Zeitenwende.** In der Bibel finden sich die Vorstellungen, dass die Endzeit

- gegenwärtig bereits angebrochen ist (**präsentische Eschatologie**) oder
- zukünftig erst anbrechen wird (**futurische Eschatologie**).
- Ursprung: alttestamentliche **Prophetie**, z. B. Sozialkritik des Propheten Amos, der Ausbeutung der Schwachen etc. anklagt (vgl.

Am 8,4–7), die politische Niederlagen und gesellschaftliche Miss-
stände als Folge gegenwärtigen Fehlverhaltens deutet und mit dem
Zorn bzw. Gericht Gottes droht (vgl. dazu 2.1 im Kapitel „Ethik",
S. 85 f.).

	Eschatologie	Apokalyptik
Erwartung	Wende der Zeiten, die zur **Voll-endung** der Schöpfung führt	Ende der Zeiten und Beginn eines ganz **neuen Zeitalters** (Äon)
Hoffnung	**inner**geschichtlich (auf eine bessere Welt)	aus der Geschichte **heraus** (auf das neue Zeitalter)
Beispiele	Jahwes **Königsherrschaft** über Israel (vgl. Jes 52,7–10; Mi 4,7), eschatologische **Völkerwall-fahrt** zum Zion (vgl. Jes 2,2–4), **Tierfrieden** (vgl. Jes 11,6–8)	**Auferstehung** der Toten zu Heil und Gericht (vgl. Jes 16; Dan 12)

Eine Sonderform der Eschatologie stellt die **Apokalyptik** (von griech.
apokalýptein: enthüllen) dar. Dabei handelt es sich um eine religiöse
Strömung innerhalb des Judentums, die erstmals zu Beginn des 2. Jahrhunderts v. Chr. (vgl. das Buch Daniel) greifbar wird. Im Zentrum
steht die **Erwartung des Weltendes**. Vor dem Hintergrund negativer
Erfahrungen (z. B. unter der Fremdherrschaft von Griechen und Römern) richtet sich alle **Hoffnung auf ein neues Zeitalter (Äon)**, das
Gott durch den Untergang des alten Äons herbeiführt.

Typisch apokalyptisch

- **Dualismus**, z. B. in der Gegenüberstellung der gegenwärtigen, von
  bösen Mächten regierten Welt („dieser Äon") und des neuen Zeit-
  alters („der kommende Äon"), der Frommen und der Ungerechten,
  der Engel und der Dämonen

- strikter **Determinismus** (Vorherbestimmung der Geschichte durch
  Gott)

- **endzeitliche Wehen** (z. B. kosmische Katastrophen, Kriege) als
  apokalyptische Vorzeichen für die Geburt der neuen Welt

- Auftreten des **Menschensohns** (Hoheitstitel; im Buch Daniel verstanden als das endzeitliche Gottesvolk, dem Gott nach dem Endgericht die Macht überträgt; im Neuen Testament übertragen auf Jesus)
- **Auferstehung der Toten** zu Heil und Gericht
- **Naherwartung** (vgl. Dan 11,21–12,4), die Trost spendet, was die Kraft apokalyptischer Vorstellungen in Zeiten großer Not und Bedrängnis erklärt

Die Verkündigung der Herrschaft Gottes

Die **Botschaft Jesu vom Reich Gottes** (vgl. dazu 2.1 im Kapitel „Jesus Christus", S. 48 ff.) knüpft an die Verheißung der Königsherrschaft Jahwes im Rahmen der prophetischen Überlieferung an. Auch Elemente der Apokalyptik finden sich wieder, v. a. die Hoffnung auf die Auferstehung. Grundlegend anders aber als in der Apokalyptik wird das Verhältnis der zwei Äonen bestimmt. So verkündet Jesus, dass die Gottesherrschaft **schon angebrochen** ist, auch wenn sie **noch nicht vollendet** ist (**eschatologischer Vorbehalt**). In diesem Sinne fordert er dazu auf, sich von der Gottesherrschaft ergreifen zu lassen und am Aufbau des Reiches Gottes mitzuwirken.

Denn siehe, das Reich Gottes ist mitten unter euch. *(Lk 17,21)*

Aus der eschatologischen Spannung zwischen Gegenwart („schon") und Zukunft („noch nicht") folgt für ein **Leben aus dem christlichen Glauben:**

- Eine Vertröstung auf ein jenseitiges Heil ist abzulehnen, da sich das Reich Gottes und das Diesseits nicht strikt gegenüberstehen, sondern miteinander zu tun haben. D. h.: **keine (dualistische) Vernachlässigung der Gegenwart zugunsten der erhofften Zukunft**
- Das Reich Gottes wird nicht automatisch vollendet, sondern erfordert den Einsatz für eine bessere Welt. D. h.: **kein (deterministischer) Verzicht auf die Mitgestaltung der Zukunft**

Dem Gedanken von der Herrschaft Gottes verleiht Jesus in einfachen, aber einprägsamen **Bildern** Ausdruck.

	Aspekt in Bezug auf das Reich Gottes	Beispiele im Neuen Testament
Bilder vom Wachstum	• unscheinbarer und verborgener Beginn des Gottesreiches • Spannung zwischen „schon" und „noch nicht"	• „Das Gleichnis vom Sämann" (vgl. Mk 4,1–9) • „Das Gleichnis vom Senfkorn" (vgl. Mk 4,30–32)
Bilder vom Festmahl	Nähe zu Gott (Gastgeber) und Gemeinschaft unter den Menschen (Gäste)	• „Von den rechten Gästen" (vgl. Lk 14,12–14) • „Das Gleichnis vom Festmahl" (vgl. Lk 14,15–24)

Die Erwartung der Parusie

Das entscheidende Heilsereignis ist mit dem Tod und der Auferstehung Jesu bereits erfolgt. So rechneten die Urchristen aufgrund der Ostererfahrung mit einer baldigen **Wiederkunft Jesu Christi (Parusie)**, die dann die Vollendung der Heilsgeschichte bringen werde. Mit anderen Worten: Die Rede von der Herrschaft Gottes wird christologisch umgedeutet in die Rede von der Herrschaft Christi (z. B. 1 Kor 11,26).

Entsprechend groß war die Herausforderung der **Parusieverzögerung** (Ausbleiben der Wiederkunft Christi) für das Urchristentum. Dieses Problem spiegelt sich z. B. in der Antwort des Apostels Paulus wider, der die Thessalonicher in Bezug auf folgende Frage beruhigen will: Was wird aus den Christen, die bereits verstorben sind?

13 Brüder und Schwestern, wir wollen euch über die Entschlafenen nicht in Unkenntnis lassen, damit ihr nicht trauert wie die anderen, die keine Hoffnung haben. 14 Denn wenn wir glauben, dass Jesus gestorben und auferstanden ist, so wird Gott die Entschlafenen durch Jesus in die Gemeinschaft mit ihm führen. 15 Denn dies sagen wir euch nach einem Wort des Herrn: Wir, die Lebenden, die noch übrig sind bei der Ankunft des Herrn, werden den Entschlafenen nichts voraushaben. 16 Denn der Herr selbst wird vom Himmel herabkommen, wenn der Befehl ergeht, der Erzengel ruft und die Posaune Gottes erschallt. Zuerst werden die in Christus Verstorbenen auferstehen; 17 dann werden wir, die Lebenden, die noch übrig sind, zugleich mit ihnen auf den Wolken in die Luft entrückt zur Begegnung mit dem Herrn. Dann werden wir immer beim Herrn sein. 18 Tröstet also einander mit diesen Worten! (1 Thess 4,13–18)

Eng verbunden mit dem urchristlichen Glauben an die Parusie ist von Anfang an der **Gerichtsgedanke**.

- Er steht in der **Tradition der prophetischen Erwartung des göttlichen Gerichts am Tag Jahwes** (vgl. Jes 2,6–19), der in der Apokalyptik zum Letzten Tag (bzw. Jüngsten Tag) wird, und knüpft an entsprechende **Gerichts- und Drohworte Jesu** (z. B. Mt 7,19) im Kontext seiner Reich-Gottes-Verkündigung an.

- Ebenso wie die Reich-Gottes-Erwartung erfährt auch der Gerichtsgedanke eine **christologische Zuspitzung** im Rahmen der urchristlichen Verkündigung: Nicht Gott, sondern Jesus erscheint als Retter und Richter.

2 Theologische Perspektiven auf die letzten Dinge

2.1 Wandel der Endzeithoffnung in der Alten Kirche

Bereits in der Zeit der Alten Kirche verschiebt sich der Schwerpunkt in der Endzeiterwartung von der Vollendung der Weltgeschichte auf die Auferstehung der Toten. Dies geschieht in Reaktion auf das Problem der Parusieverzögerung und ihrer Deutung als

- von Gott gegebene Chance zur Umkehr (z. B. im „Hirt des Hermas" aus der ersten Hälfte des 2. Jahrhunderts n. Chr.) oder

- von Gott gewährter Aufschub bis zum drohenden Weltuntergang bzw. Gericht (z. B. in der „Apologie des Aristides" aus der ersten Hälfte des 2. Jahrhunderts n. Chr.).

Damit erfolgt eine **Individualisierung** der Endzeithoffnung, die bis heute nachwirkt.

2.2 Vom Tod bis zum Jüngsten Gericht

Mit der Akzentverlagerung auf das eschatologische Schicksal des Einzelnen rückt folgende Frage ins Zentrum der Aufmerksamkeit: Welchen Weg beschreitet der Mensch nach seinem Tod bis zur Vollendung der Welt am Jüngsten Tag? Die Klärung dieser Frage erfolgt in Auseinandersetzung mit der **antiken Anthropologie** und vor dem Hintergrund der **Frömmigkeitspraxis:**

Ausgangs-punkt	platonische Lehre von der unsterblichen Seele im sterblichen Leib	Gebet für die Verstorbenen; altkirchliche Bußpraxis
eschatologische Anwendung	christliche Überbietung: Glaube an die **Unsterblich-keit der Seele** und die **leibliche Auferstehung** (vs. dualistische Abwertung des Leibes)	Glaube an eine **Läuterung** der Seele zur Befreiung von der Schuld in einem Zwischenzustand zwischen dem irdischen Tod und der Auferstehung am Jüngsten Tag

Im Laufe der Theologiegeschichte bildet sich folgende **traditionelle Vorstellung von der Auferstehung der Toten und dem ewigen Leben** im Rahmen der christlichen Eschatologie heraus:

- Trennung der unsterblichen Seele vom sterblichen Leib im **Tod**,

- **besonderes Gericht** über den Einzelnen, **Läuterung** der Seele als Buße für Sündenstrafen (in der Sprache der Kirche *purgatorium*, auch Fegfeuer genannt) und Eingang in die ewige Seligkeit – oder in die ewige Verdammnis,

- leibliche **Auferweckung** und Wiedervereinigung der Leiber mit ihren Seelen sowie **allgemeines Gericht** (sog. Letztes oder Jüngstes Gericht) über alle Menschen am Jüngsten Tag (letzter Tag der Weltgeschichte), worauf ewige Seligkeit (Himmel) oder ewige Verdammnis (Hölle) folgt.

Da mit der Angst vor Fegfeuer und ewiger Verdammnis in der Hölle in der Vergangenheit vielfach Missbrauch betrieben wurde, sind beide Vorstellungen stark belastet. Dennoch lässt sich die aus der Freiheit des Menschen resultierende Möglichkeit des Scheiterns nicht einfach ausklammern und muss daher Berücksichtigung finden in der christlichen Eschatologie.

Deshalb hält die römisch-katholische Theologie anders als die protestantische Theologie, die die Fegfeuerlehre wegen ihrer Verquickung mit dem Ablasshandel und als Widerspruch zur Rechtfertigung allein aus Gnade verworfen hat, an der Vorstellung von einer postmortalen Läuterung fest. Auch Hölle bzw. ewige Verdammnis gehören weiter zur christlichen Jenseitsvorstellung. Inzwischen wurde aber die in der Tradition vorherrschende räumliche Sicht auf Fegfeuer und Hölle durch ein **personales Verständnis** korrigiert:

- Fegfeuer: **Geschehen im Menschen in Anbetracht der Begegnung mit dem zugleich richtenden und rettenden Christus**, die eine innere Wandlung bewirkt

- Hölle bzw. Verdammnis: **Zustand des endgültigen Ausgeschlossenseins von der Gemeinschaft mit Gott und den Mitmenschen**

Umgekehrt meint die Rede vom Himmel die **Gemeinschaft mit Gott und den Mitmenschen.** So ist die Hoffnung für den Einzelnen (individuelle Eschatologie) untrennbar verbunden mit der Hoffnung auf die Vollendung der Welt am Ende der Zeiten (universale Eschatologie).

2.3 Reinkarnation?

Der christliche Glaube an die Auferstehung ist unvereinbar mit Vorstellungen von einer Reinkarnation verstanden als **Wiederfleischwerdung bzw. Wiederverkörperung der Seele in einer irdischen oder anderen leibhaften Gestalt**, wie sie in der platonischen Idee von der Seelenwanderung oder der hinduistischen bzw. buddhistischen Lehre von der Wiedergeburt begegnen. Aus christlicher Perspektive stehen Reinkarnationsvorstellungen **in einem scharfen Gegensatz zum Auferstehungsglauben:**

christlicher Auferstehungsglaube	im Widerspruch zum	Vorstellungsmodell der Reinkarnation (nach buddhistischer und hinduistischer Lehre)
Glaube an einen personalen Gott	⇐⇒	Annahme eines antlitzlosen Weltgesetzes
Einmaligkeit des Lebens	⇐⇒	Kreislauf von Wiedergeburten
Heilsgeschichte: unwiederholbare, zielgerichtete Geschichte von Gott mit den Menschen	⇐⇒	zyklisches Geschichtsbild
Gnaden- und Geschenkcharakter der Vollendung des Menschen bei Gott	⇐⇒	Gesetz des Karma (Bezeichnung für das die Wiedergeburt auslösende und die Art der Wiedergeburt bestimmende frühere Handeln)
Einheit von Leib und Seele auch nach dem Tod (wenn auch mit verändertem Leib)	⇐⇒	Auflösung der Leib-Seele-Einheit

Stichwortverzeichnis

Personenverzeichnis

Bist du bereit für deinen Einstellungstest?

Hier kannst du testen, wie gut du in einem Einstellungstest zurechtkommen würdest.

1. Allgemeinwissen

Der Baustil des Kölner Doms ist dem/der ... zuzuordnen.

a) Klassizismus   b) Romantizismus
c) Gotik   d) Barock

2. Wortschatz

Welches Wort ist das?

N O R I N E T K T A Z N O

3. Grundrechnen

-11 + 23 - (-1) =

a) 10   b) 11   c) 12   d) 13

4. Zahlenreihen

Welche Zahl ergänzt die Reihe logisch?

17 14 7 21 18 9 ?

5. Buchstabenreihen

Welche Auswahlmöglichkeit ergänzt die Reihe logisch?

e d f f e g g f h ? ? ?

a) h i j   b) h g i   c) f g h   d) g h i

Alles zum Thema Einstellungstests findest du hier:

www.stark-verlag.de   **STARK**